LE GUIDE PRATIQUE DU PROTOCOLE PORTANT CRÉATION DE LA COUR AFRICAINE DES DROITS DE L'HOMME ET DES PEUPLES

Commentaires article par article

Modibo SACKO
Amadou SOW
Mamadou DIAWARA

LE GUIDE PRATIQUE DU PROTOCOLE PORTANT CRÉATION DE LA COUR AFRICAINE DES DROITS DE L'HOMME ET DES PEUPLES

Commentaires article par article

Préface du Pr Rafaâ BEN ACHOUR

L'Harmattan
Mali

ACI2000 Bamako – Immeuble Jean-Marie CISSÉ
Bureau 10
Tél. : +223 76 43 00 66/+223 66 89 33 72
www.harmattanmali.com

Couverture et mise en page : Coco Joyce

ISBN : 978-2-336-59460-6
EAN : 9782336594606

Sommaire

Préface

L'adoption du Protocole portant création d'une Cour Africaine des Droits de l'Homme et des Peuples (CADHP) a marqué un tournant décisif dans l'architecture de protection des droits fondamentaux sur le continent. Complétant l'action de la Commission Africaine des Droits de l'Homme et des Peuples, la Cour est devenue l'organe juridictionnel suprême, détenant le pouvoir de rendre des arrêts contraignants, garantissant ainsi l'effectivité des droits en Afrique.

Cet ouvrage, « Le guide pratique du Protocole portant création d'une Cour africaine des droits de l'Homme et des Peuples. Commentaires article par article », est à ce titre une contribution d'une importance capitale.

Les Docteurs Modibo SACKO, Président de la CADHP, Amadou SOW et Mamadou DIAWARA ne se contentent pas d'une simple exégèse textuelle. Ils nous offrent un véritable instrument de travail, un "Guide Pratique" destiné tant aux praticiens du droit, aux universitaires, qu'à tous ceux qui s'intéressent à la dynamique des systèmes régionaux de protection des droits de l'Homme. La méthode du commentaire article par article permet une exploration à la fois rigoureuse et didactique des dispositions fondamentales du Protocole.

Ce travail met en lumière les défis majeurs auxquels est confronté le système africain, notamment la délicate tension entre la souveraineté des États et l'universalité des droits fondamentaux. Il aborde également des questions essentielles comme le rôle de la clause facultative relative aux requêtes individuelles, qui, malgré sa nature limitative, reste le canal essentiel pour l'accès à la justice pour les victimes.

L'analyse pertinente de la Cour par les auteurs, de son organisation à ses compétences, en passant par le financement assuré par l'Union Africaine (UA) pour garantir son indépendance, est un apport précieux à la doctrine. En soulignant l'importance des mécanismes d'amendements pour assurer l'adaptabilité du Protocole face aux évolutions du contexte africain, ils réaffirment le caractère dynamique et pérenne de l'institution.

Il ne fait aucun doute que ce Guide s'imposera rapidement comme un ouvrage de référence indispensable. Je salue le travail remarquable des Docteurs SACKO, SOW et DIAWARA et souhaite à cet ouvrage tout le succès qu'il mérite au service de la promotion et de la protection des Droits de l'Homme et des Peuples en Afrique.

Pr Rafaâ BEN ACHOUR

Juge à la Cour africaine des droits de l'homme et des peuples

Professeur émérite à l'Université de Carthage

Introduction générale

Le Protocole à la Charte africaine des droits de l'homme et des peuples portant création d'une Cour africaine des droits de l'homme et des peuples (le Protocole) a été adopté par la Conférence des chefs d'Etat et de Gouvernement de l'Organisation de l'Unité Africaine (devenue Union Africaine). Comme son titre l'indique, il créée une Cour Africaine des Droits de l'Homme et des Peuples (la Cour) pour renforcer la protection et la promotion des droits humains en Afrique[1] en complétant les fonctions de la Commission Africaine des Droits de l'Homme et des Peuples. Le Protocole donne, ainsi, naissance à un organe juridictionnel qui rend des arrêts contraignants sur les violations des droits de l'homme[2].

Principaux objectifs

Garantir les droits humains à travers une juridiction spécifique ;

Compléter la mission de la Commission africaine en matière de protection des droits ;

Permettre aux États, organisations et individus d'introduire des requêtes pour violations des droits de l'Homme.

---

[1] James MOUANGUE KOBILA, « Commentaire de l'article 1 du protocole relatif à la charte africaine des droits de l'homme et des peuples portant création d'une Cour africaine des droits de l'homme et des peuples : Création de la cour », in Maurice KAMTO (dir.), *La charte africaine des droits de l'homme et des peuples et le protocole y relatif portant création de la cour africaine des droits de l'homme : commentaire article par article* , coll., de droit international, n°67, Bruxelles, Bruylant, 2011, p. 1628 et suivants.

[2] Moctar VETERA KAMARA, « La promotion et la protection des droits fondamentaux dans le cadre de la charte africaine des droits de l'homme et des peuples et du protocole facultatif additionnel de juin 1998 », *RTDH*, n°63, 2005, pp. 709-727. Voir également Kéba MBAYE, *Les droits de l'Homme en Afrique*, 2° éd., Pédone, Paris, 2002, p. 386. Stéphane DOUMBE-BILLE, « Un quart de siècle de protection des droits de l'Homme en Afrique », in *Les droits de l'Homme en évolution*, Mélanges en l'honneur du Professeur Petros J. Pararas, Bruxelles, Bruylant, 2009, pp. 133-141. Sandrine TURGIS, « Actualités du système africain de protection des droits de l'homme », in *L'Europe des libertés*, n°35, 2011, p. 84.

Organisation de la Cour

La Cour est constituée de 11 juges élus parmi des experts juridiques de haut niveau, représentant les différents États membres et systèmes juridiques africains.

Elle siège dans un État membre.

Le président est élu pour un mandat de deux ans, renouvelable une fois.

Compétences et fonctionnement

La Cour connaît des affaires liées à l'interprétation et à l'application de la Charte Africaine des Droits de l'Homme et des Peuples, du Protocole lui-même et d'autres instruments ratifiés.

Elle peut rendre des avis consultatifs à la demande d'États ou d'organisations africaines.

Les requêtes peuvent être introduites par la Commission, des États parties, des organisations inter-gouvernementales, et sous certaines conditions par des individus et ONG.

Les décisions sont motivées, définitives et exécutoires, avec la possibilité d'ordonner des mesures provisoires urgentes.

Fonctionnement procédural

La Cour statue dans un délai de 90 jours après clôture de l'instruction.

Elle organise des audiences contradictoires et peut tenter un règlement à l'amiable des différends.

Les juges prêtent serment d'impartialité, jouissent d'indépendance totale, et disposent de privilèges conformes au droit international.

Exécution des décisions

Les États parties s'engagent à respecter et exécuter les arrêts de la Cour.

Le Conseil des Ministres (Conseil exécutif) de l'Union africaine veille au suivi de l'exécution des arrêts.

Entrée en vigueur et amendements

Le Protocole entre en vigueur après ratification par, au moins, quinze États parties.

Des amendements peuvent être proposés par les États parties ou la Cour et doivent être approuvés selon des procédures définies.

Ce guide explicatif résume les points essentiels du Protocole et son rôle clé dans le système juridique africain de protection des droits humains. Si un commentaire plus approfondi sur chaque article est souhaité, cela peut être fait pour détailler la portée juridique et pratique de chaque disposition. Les Etats membres de l'Organisation de l'Unité Africaine (ci-après dénommée « **OUA** »), Etats parties à la Charte Africaine des Droits de l'Homme et des Peuples.

Commentaire du préambule

Le préambule du Protocole est bien plus qu'une simple introduction formelle : il constitue le socle idéologique, politique et juridique sur lequel repose tout l'édifice de la Cour africaine[3]. Sa lecture attentive révèle la philosophie fondatrice de l'instrument et permet de mieux comprendre l'esprit qui a guidé les États africains dans leur démarche d'institutionnalisation d'un mécanisme juridictionnel de protection des droits fondamentaux[4] sur le continent.

1. Réaffirmation des valeurs fondamentales de l'OUA

Le préambule s'ouvre en rappelant que les États parties sont liés à la fois par la Charte de l'Organisation de l'unité africaine (OUA) et par la Charte africaine des droits de l'homme et des peuples. Ce double ancrage traduit une articulation entre les objectifs politiques fondateurs de l'intégration africaine, liberté, égalité, justice, paix et dignité, et les normes juridiques relatives aux droits humains.

Cette articulation n'est pas anodine : elle souligne que la protection des droits de l'homme n'est pas un élément périphérique du projet panafricain, mais en constitue l'un des piliers essentiels. Elle rappelle également que le respect de ces valeurs est une condition sine qua non à la réalisation des « aspirations légitimes » des peuples africains, expression qui ancre le texte dans une logique de souveraineté populaire et d'émancipation postcoloniale.

2. La Charte africaine comme socle normatif

Le texte poursuit en soulignant l'importance de la Charte africaine de 1981, qui réaffirme l'attachement aux droits et libertés fondamentaux mais aussi aux devoirs. Cette mention est significative car elle distingue

---

[3] Souhayr BELHASSEN, « La Cour africaine des droits de l'Homme et des peuples : vers la Cour africaine de justice et des droits de l'Homme : guide pratique », *FIDH*, Paris, 2010, p. 218.

[4] Pacifique MANIRAKIZA, « La contribution africaine au développement de la justice pénale internationale », in *Revue de droit de l'université de Sherbrooke*, Vol. 40, 2009, pp. 410-477.

le système africain de nombreux autres régimes régionaux : la Charte ne se contente pas de consacrer des droits, elle met également l'accent sur les obligations des individus envers leur communauté[5]. Cela traduit une conception holistique des droits humains, profondément enracinée dans les valeurs africaines de solidarité et de responsabilité collective.

3. Un double objectif : promotion et protection

Le préambule insiste, ensuite, sur le double objectif de la Charte : promouvoir et protéger les droits. La promotion suppose l'éducation, la sensibilisation et l'élaboration de politiques publiques favorables aux droits humains. La protection, quant à elle, implique l'existence de mécanismes institutionnels capables de sanctionner les violations[6]. Or, la Commission africaine, créée par la Charte et qui est devenue opérationnelle en 1987, a surtout rempli la première fonction, tout en ayant une capacité limitée d'intervention coercitive ; d'où la nécessité de créer un organe juridictionnel complémentaire : la Cour[7].

4. Reconnaissance des acquis de la Commission africaine

Les États reconnaissent les progrès réalisés par la Commission depuis sa création. Cette reconnaissance n'est pas simplement protocolaire : elle marque une continuité institutionnelle et évite toute rupture dans l'architecture africaine des droits humains. En d'autres termes, la Cour ne vient pas remplacer la Commission, mais s'appuie sur son travail pour aller plus loin dans la judiciarisation du système.

5. Contexte historique et genèse du Protocole

Le préambule rappelle ensuite le cheminement politique qui a conduit à l'adoption du Protocole. La résolution de 1994, prise lors du sommet de Tunis, marque un tournant décisif : les chefs d'État reconnaissent

---

[5] Alioune Badra FALL, « La Charte africaine des droits de l'Homme et des peuples : entre universalisme et régionalisme », in *Pouvoirs* (Paris), n°129, 2009, pp. 77-100.
[6] Abdoulaye SOMA, « L'applicabilité des traités internationaux de protection des droits de l'Homme dans le système constitutionnel du Burkina Faso », in *African yearbook of international law* (Dord recht), vol. 16, 2008, pp. 313-342.
[7] Gérard NIYUNGEKO, « La Cour africaine des droits de l'Homme et des peuples : défis et perspectives », in *Revue trimestrielle des droits de l'Homme*, n°79, 2009, pp. 731-738.

explicitement la nécessité d'un renforcement institutionnel. Les réunions successives d'experts (Le Cap, Nouakchott, Addis-Abeba) témoignent d'un processus de maturation juridique et diplomatique, illustrant la volonté politique des États d'aboutir à un consensus sur les contours de la future Cour.

Ce rappel chronologique confère au texte une légitimité procédurale, en montrant que la Cour est le fruit d'une réflexion collective et progressive, et non une importation exogène ou une décision imposée.

6. La conviction d'une nécessité historique

Enfin, la dernière phrase du préambule exprime une conviction forte : la création d'une Cour est nécessaire pour atteindre les objectifs de la Charte. Cette formulation va au-delà d'une simple intention politique : elle consacre la juridictionnalisation comme instrument indispensable pour garantir l'effectivité des droits. Dans une région marquée par des violations récurrentes, cette affirmation reflète la prise de conscience que la proclamation des droits n'a de sens que si elle s'accompagne de mécanismes contraignants de sanction et de réparation.

Conclusion

Ainsi, le préambule joue un rôle essentiel dans la compréhension du Protocole. Il fixe le cadre idéologique en réaffirmant les valeurs fondatrices de l'unité africaine, établit le socle normatif en rappelant la portée de la Charte, légitime la démarche par le rappel du processus historique et consacre enfin l'idée selon laquelle la création d'une Cour est une étape incontournable dans la construction d'un système africain complet de protection des droits humains.

En d'autres termes, le préambule ne se contente pas d'introduire le texte : il oriente son interprétation et en révèle la vocation profonde, celle d'inscrire durablement la protection des droits fondamentaux dans la dynamique d'intégration, d'émancipation et de souveraineté juridique du continent africain.

SONT CONVENUS DE CE QUI SUIT :

ARTICLE 1 : CRÉATION DE LA COUR

Il est créé, au sein de l'Organisation de l'Unité Africaine, une Cour Africaine des Droits de l'Homme et des Peuples (ci-après dénommée « la Cour »), dont l'organisation, la compétence et le fonctionnement sont régis par le présent Protocole.

Commentaire de l'article 1 - Création de la Cour

L'article 1 constitue la pierre angulaire du Protocole : il consacre juridiquement l'existence de la Cour africaine des droits de l'homme et des peuples. Par sa simplicité apparente, cette disposition porte en réalité une portée institutionnelle, politique et juridique considérable. Elle symbolise l'évolution du système africain des droits humains, qui passe d'un modèle quasi-juridictionnel, incarné par la Commission africaine, à un modèle pleinement juridictionnel[8].

1. L'institutionnalisation d'un organe juridictionnel africain

La première partie de l'article « Il est créé une Cour africaine des droits de l'homme et des peuples », consacre formellement la naissance d'une juridiction continentale spécialisée. Cette création marque un tournant majeur dans l'histoire du droit africain des droits de l'homme : jusqu'alors, le système reposait essentiellement sur la Commission

[8] La jurisprudence de la Cour confirme cette portée fondatrice. Dans ses arrêts, elle affirme régulièrement son rôle de gardienne de la Charte et du Protocole, en se fondant sur l'article 1 comme base de sa légitimité institutionnelle. Par exemple, dans l'affaire *Anudo Ochieng Anudo*, la Cour a invoqué sa compétence matérielle pour interpréter des droits non expressément prévus par la Charte, en s'appuyant sur d'autres instruments internationaux ratifiés par les États concernés, conformément à l'article 3 du Protocole. Cela illustre comment l'article 1, combiné aux autres dispositions, permet à la Cour d'exercer une fonction juridictionnelle pleinement développée.

(1987), organe dont les recommandations ne sont pas contraignantes et n'ont, donc, pas de valeur obligatoire[9].

Avec cet article, les États africains affirment leur volonté de judiciariser la protection des droits fondamentaux. Cela signifie que la violation des droits consacrés par la Charte africaine n'est plus seulement une question politique ou diplomatique, mais devient une question de droit, susceptible d'être tranchée par une instance juridictionnelle indépendante et impartiale.

2. L'intégration dans l'architecture institutionnelle africaine

L'article précise que la Cour est créée « au sein de l'Organisation de l'unité africaine » (remplacée depuis 2002 par l'Union africaine). Cette mention a une portée double :

Politique, car elle rattache l'institution à l'organisation panafricaine, garantissant ainsi son ancrage dans le projet d'intégration continentale. La Cour n'est pas une institution isolée : elle s'inscrit dans un ensemble plus vaste de mécanismes régionaux destinés à assurer la paix, la sécurité et les droits fondamentaux[10].

Juridique, car cette insertion renforce la légitimité de la Cour. Émanant de la volonté collective des États africains, elle bénéficie d'une reconnaissance institutionnelle qui facilite son autorité et son acceptation par les juridictions nationales et les gouvernements.

3. Délimitation des fondements normatifs : organisation, compétence et fonctionnement

La seconde partie de l'article précise que l'« organisation, la compétence et le fonctionnement » de la Cour sont définis par le Protocole lui-même. Cette précision est capitale : elle signifie que l'article 1 n'est pas seulement déclaratif, mais qu'il renvoie à un

---

[9] Champeil-DESPLATS, « La Cour africaine des droits de l'homme et des peuples : entre ambitions et limites », in *Revue des droits de l'homme*, 2015, n° 1, p. 1–25.

[10] Rapport ARIA XI (2025), publié par la CEA, la BAD et la Commission de l'UA, soulignant le rôle de la Cour dans l'encadrement juridique de l'intégration économique.

ensemble cohérent de règles qui encadrent tous les aspects de l'institution.

Organisation : désigne la structure interne de la Cour, sa composition, les conditions d'élection des juges, leur statut, et les organes administratifs comme le greffe.

Compétence : renvoie à la nature des affaires dont la Cour peut connaître (violations de droits humains, avis consultatifs, différends interétatiques, etc.).

Fonctionnement : concerne les règles de procédure, la recevabilité des requêtes, la publicité des audiences, la procédure contentieuse et les modalités d'exécution des décisions.[11]

Cette tripartition assure un encadrement juridique précis de l'institution, évitant toute incertitude sur son rôle et ses pouvoirs.

4. Une volonté d'effectivité et de complémentarité

L'article 1 doit être lu en lien avec l'article 2 du Protocole, qui précise que la Cour complète les fonctions de la Commission africaine. Ainsi, la création de la Cour ne vise pas à remplacer cette dernière, mais à renforcer l'efficacité du système africain des droits de l'homme. Elle introduit une dimension juridictionnelle qui permet d'aller au-delà du constat des violations pour prononcer des décisions contraignantes et ordonner des réparations.

Cette complémentarité illustre la maturité progressive du système africain : les États reconnaissent que la simple promotion des droits ne suffit plus et qu'il est nécessaire d'établir un mécanisme de sanction, condition indispensable pour garantir l'effectivité des droits proclamés.

Conclusion

En somme, l'article 1 revêt une importance fondamentale : il consacre la naissance d'un organe juridictionnel panafricain chargé d'assurer la protection judiciaire des droits de l'homme et des peuples. En insérant

[11] Voir Guide pratique : Comment déposer une requête, Cour africaine, disponible sur : https://www.african-court.org/wpafc/comment-deposer-une-plainte/?lang=fr

la Cour dans l'architecture institutionnelle de l'OUA et en définissant les principes qui encadrent son fonctionnement, cet article témoigne d'un véritable saut qualitatif dans l'évolution du droit africain des droits humains.

Il traduit la prise de conscience par les États africains que la protection effective des droits fondamentaux ne peut reposer uniquement sur des mécanismes politiques ou consultatifs, mais nécessite l'existence d'une juridiction indépendante, dotée d'une compétence contraignante, condition essentielle de l'État de droit au niveau continental.

ARTICLE 2 : RELATIONS ENTRE LA COUR ET LA COMMISSION

La Cour, tenant dûment compte des dispositions du présent Protocole, complète les fonctions de protection que la Charte Africaine des Droits de l'Homme et des Peuples (ci-après dénommée « la Charte ») a conférées à la Commission Africaine des Droits de l'Homme et des Peuples (ci-après dénommée « la Commission »).

Commentaire de l'article 2 – Relations entre la Cour et la Commission

L'article 2 du Protocole, bien que rédigé en termes simples, occupe une place stratégique dans l'architecture du système africain de protection des droits humains. Il définit la nature du lien entre deux institutions centrales : la Commission africaine des droits de l'homme et des peuples, créée en 1987, et la Cour africaine des droits de l'homme et des peuples, instituée par le présent Protocole. L'objectif fondamental de cette disposition est d'assurer la cohérence, la complémentarité et la continuité dans l'action de ces deux organes, évitant ainsi les chevauchements de compétences ou les conflits institutionnels.

1. La Commission : premier pilier du système africain de protection

Pour bien saisir la portée de l'article 2, il faut rappeler le rôle originel de la Commission. Créée par la Charte africaine de 1981, elle avait pour mission principale la promotion et la protection des droits de l'homme et des peuples[12]. Sa compétence s'étend, notamment à :

[12] Mutoy MUBIALA, *Le système régional africain de protection des droits de l'Homme,* Bruxelles, Bruylant, 2005, p. 320.

L'examen des rapports périodiques des États sur l'application de la Charte ;

La formulation de recommandations et d'observations ;

Le traitement de communications individuelles ou interétatiques ;

La formulation de principes et directives pour guider les États.

Cependant, la Commission demeure un organe quasi-juridictionnel, dépourvu de pouvoir contraignant. Ses décisions, qualifiées de « recommandations », n'avaient pas de force obligatoire, ce qui limitait considérablement son efficacité dans la protection des droits fondamentaux[13].

2. La Cour : un mécanisme juridictionnel complémentaire

C'est dans ce contexte que l'article 2 situe la création de la Cour. Il précise que cette dernière « complète les fonctions de protection » confiées à la Commission par la Charte. Deux éléments essentiels ressortent de cette formulation :

Complémentarité, non substitution : la Cour ne remplace pas la Commission. Celle-ci conserve ses missions originelles, notamment en matière de promotion et de sensibilisation, mais aussi un rôle d'examen préliminaire des communications. La Cour vient renforcer ce dispositif en apportant une dimension juridictionnelle : elle peut statuer sur des litiges, rendre des décisions contraignantes et ordonner des réparations.

Spécialisation fonctionnelle : la Commission continue à jouer un rôle clé dans la phase précontentieuse (instruction des affaires, médiation, recommandations), tandis que la Cour intervient dans la phase contentieuse (jugement des violations, ordonnances, réparation des

---

[13] Charte africaine des droits de l'homme et des peuples, 1981, notamment l'article 50, qui confère à la Commission le pouvoir de formuler des recommandations.

préjudices). Ce partage des tâches reflète une vision cohérente d'un système à deux niveaux : administratif et juridictionnel[14].

3. La complémentarité comme garantie d'efficacité

L'article 2 consacre une idée centrale : la complémentarité entre la Commission et la Cour est un moyen d'assurer l'efficacité globale du système africain. Plusieurs aspects illustrent cette complémentarité :

Dialogue institutionnel : dans certaines affaires, la Cour peut consulter la Commission, notamment sur la recevabilité des requêtes (article 6). Elle peut également être saisie par cette dernière (article 5). Ce mécanisme favorise la coopération entre les deux organes plutôt que la concurrence[15].

Évolution dynamique : la Cour peut s'appuyer sur la jurisprudence, les rapports ou les résolutions de la Commission, ce qui permet un enrichissement mutuel et une continuité jurisprudentielle.

4. Une articulation conforme aux standards internationaux

Ce schéma de complémentarité n'est pas propre à l'Afrique : il s'inscrit dans une logique déjà éprouvée dans d'autres systèmes régionaux. Ainsi :

En Europe, la Cour européenne des droits de l'homme (CEDH) complète les missions du Comité des ministres du Conseil de l'Europe et de la Commission européenne des droits de l'homme (avant sa disparition en 1998)[16] ;

---

[14] La Commission peut saisir la Cour en cas de non-exécution de ses recommandations (article 118 du Règlement intérieur de la Commission).

[15] M. KAMTO, *La Charte africaine des droits de l'homme et des peuples et le Protocole y relatif portant création de la Cour africaine des droits de l'homme : commentaire article par article*, Bruylant, 2011, pp. 1296-1298.

[16] Protocole n° 11 à la Convention européenne des droits de l'homme, entré en vigueur le 1er novembre 1998, disponible sur le site du Conseil de l'Europe : https://www.coe.int/fr/web/conventions/full-list?module=treaty-detail&treatynumber=155.

V. Champeil-DESPLATS, *Le système européen de protection des droits de l'homme, dans Droits de l'homme,* Dalloz, Paris, 2020, pp. 112-130.

Dans le système interaméricain, la Cour interaméricaine agit en tandem avec la Commission interaméricaine des droits de l'homme.[17]

L'Afrique s'inscrit donc dans cette même dynamique institutionnelle, en adaptant le modèle à ses réalités juridiques et politiques spécifiques.

Conclusion

L'article 2 joue un rôle fondamental dans l'architecture du système africain de protection des droits humains : il consacre une relation de complémentarité fonctionnelle entre la Commission et la Cour, assurant ainsi la cohérence et l'efficacité du dispositif. La Cour apporte ce qui manquait jusque-là : une autorité juridictionnelle capable de rendre des décisions contraignantes et d'ordonner des réparations, tandis que la Commission conserve son rôle de promotion, d'instruction et de veille.

Ainsi, loin d'instaurer une dualité concurrente, cette disposition pose les bases d'un dialogue institutionnel structuré, indispensable pour transformer la proclamation des droits en leur mise en œuvre effective sur le continent africain.

[17] Éric TARDIF, « Le système interaméricain de protection des droits de l'homme », *Revue des droits de l'homme,* 2014, n° 1. https://journals.openedition.org/revdh/962.

ARTICLE 3 : COMPÉTENCE DE LA COUR

1. **La Cour a compétence pour connaître de toutes les affaires et de tous les différends dont elle est saisie concernant l'interprétation et l'application de la Charte, du présent Protocole, et de tout autre instrument pertinent relatif aux droits de l'homme et ratifié par les Etats concernés.**
2. **En cas de contestation sur le point de savoir si la Cour est compétente, la Cour décide.**

Commentaire de l'article 3-Compétence de la Cour

L'article 3 du Protocole constitue, sans doute, l'une des dispositions les plus déterminantes pour comprendre la place et le rôle de la Cour africaine dans le système continental de protection des droits fondamentaux. Il définit son champ d'intervention juridictionnelle et consacre son autonomie institutionnelle en matière d'interprétation de sa propre compétence. Cet article, en deux paragraphes, fixe à la fois l'étendue matérielle et la portée fonctionnelle de la juridiction.

1. Une compétence matérielle étendue : l'interprétation et l'application des instruments relatifs aux droits humains

Le paragraphe 1 confère à la Cour une compétence très large : elle peut connaître de « toutes les affaires » et de « tous les différends » concernant l'interprétation et l'application de la Charte africaine des droits de l'homme et des peuples ; du présent Protocole créant la Cour ; de tout autre instrument pertinent relatif aux droits de l'homme ratifié par les États concernés[18].

---

[18] Cour africaine des droits de l'homme et des peuples, Requête n° 003/2017 aux fins de l'interprétation de l'arrêt du 18 novembre 2016, arrêt du 28 septembre 2017, § 7,

Cette triple référence a une portée considérable :

Charte africaine : Elle constitue le fondement normatif principal. La Cour devient ainsi l'interprète ultime des droits et devoirs consacrés par cet instrument fondateur[19].

Présent Protocole : Elle peut trancher tout litige portant sur son interprétation ou son application, ce qui lui permet de préciser sa propre mission et ses pouvoirs.

Autres instruments pertinents : Il s'agit d'une clause d'ouverture remarquable. Elle inclut les traités africains (par exemple, la Charte africaine des droits et du bien-être de l'enfant) mais aussi les conventions universelles relatives aux droits de l'homme[20] (comme le Pacte international relatif aux droits civils et politiques ou la Convention contre la torture), à condition qu'ils aient été ratifiés par l'État concerné.

Ainsi, la Cour ne se limite pas à la Charte : elle s'inscrit dans un ordre juridique international élargi, ce qui renforce son rôle dans l'harmonisation de la protection des droits sur le continent africain. Elle peut, par exemple, invoquer la Déclaration universelle des droits de l'homme ou les traités des Nations unies si ceux-ci ont été ratifiés par l'État défendeur[21].

---

p. 3. Cour africaine des droits de l'homme et des peuples, *Mohamed Abubakari c/ République de Tanzanie*, Requête aux fins d'interprétation de l'arrêt du 3 juin 2016, § 38, p. 10.

[19] Roger Magloire KOUDE, « Peut-on à bon droit parler d'une conception africaine des droits de l'Homme ? », in *Revue Trimestrielle des droits de l'Homme*, n°62, 2005, pp. 539 et suivants.

[20] Alain-Didier OLINGA, « Les emprunts normatifs de la Commission africaine des droits de l'Homme et des peuples aux systèmes européen et interaméricain de garantie des droits de l'Homme », in *Revue Trimestrielle des droits de l'Homme*, n°62, 2005, pp. 499 et suivants.

[21] Arrêt *Alex Thomas c. République-Unie de Tanzanie,* Cour africaine des droits de l'homme et des peuples, 20 novembre 2015, § 45. https://journals.openedition.org/crdf/8464

2. Une compétence fonctionnelle couvrant les affaires et les différends

La disposition emploie deux termes distincts : « affaires » et « différends ». Cette dualité n'est pas purement stylistique, elle reflète la diversité des situations dont la Cour peut être saisie :

Les affaires renvoient à des requêtes introduites par des individus, des ONG ou d'autres acteurs reconnus (par exemple, des communications individuelles alléguant une violation des droits fondamentaux).

Les différends visent principalement les litiges interétatiques, c'est-à-dire les conflits juridiques entre États concernant l'application d'un instrument relatif aux droits humains.

Ce choix terminologique démontre que la Cour exerce une compétence à la fois contentieuse (litiges) et quasi-constitutionnelle (affaires relatives à l'interprétation de normes). Cela lui confère un rôle central dans l'uniformisation de la jurisprudence africaine en matière de droits humains.

3. L'autodétermination de la compétence : principe de compétence-compétence

Le paragraphe 2 consacre un principe fondamental du droit international : la compétence-compétence (Kompetenz-Kompetenz). Autrement dit, en cas de contestation sur sa compétence, la Cour décide elle-même si elle est compétente[22].

Ce principe, reconnu dans la plupart des juridictions internationales (Cour internationale de Justice, Cour européenne des droits de l'homme, Cour interaméricaine, etc.), revêt plusieurs implications majeures :

---

[22] Sacré KEKE, *L'exercice de la compétence contentieuse de la Cour africaine des droits de l'homme et des peuples,* African Human Rights Yearbook, 2016, pp. 145–167.

Il garantit l'indépendance de la Cour face aux États parties, qui pourraient être tentés de contester sa compétence pour échapper à ses décisions ;

Il renforce son autorité institutionnelle, car elle n'a pas à se soumettre à l'interprétation d'un autre organe sur l'étendue de ses pouvoirs ;

Il assure une cohérence jurisprudentielle, puisque c'est elle qui fixe les limites et l'évolution de sa propre compétence au fil de sa jurisprudence[23].

4. Une compétence conditionnée par la ratification

Même si l'article 3 donne à la Cour une compétence matérielle large, celle-ci n'est pas automatique : elle dépend de la ratification des instruments en question par les États concernés. Cette exigence traduit un principe classique du droit des traités : l'État ne peut être lié que par les engagements qu'il a volontairement acceptés.

Ce mécanisme a deux conséquences :

Il incite les États à ratifier davantage d'instruments pour bénéficier d'un système juridique intégré ;

Il entraîne des disparités dans la protection offerte, puisque tous les États africains n'ont pas ratifié les mêmes conventions ;

Conclusion

L'article 3 est au cœur de la fonction juridictionnelle de la Cour africaine. En définissant une compétence matérielle large (portant sur la Charte, le Protocole et tout instrument pertinent), fonctionnelle (affaires et différends) et autodéterminée (principe de compétence-compétence), il consacre la Cour comme gardienne et interprète suprême des droits de l'homme sur le continent africain.

Cette disposition reflète une ambition claire : faire de la Cour un acteur central de l'ordre juridique africain et international des droits

---

[23] Ludovic HENNEBEL, *La jurisprudence de comité des droits de l'homme – le pacte international relatif aux droits civils et politiques et son mécanisme de protection individuel*, Bruxelles, Bruylant, 2007, p. 314.

fondamentaux, capable de donner une portée concrète aux textes protecteurs et d'assurer leur application uniforme. Elle illustre aussi la maturation du système africain, désormais doté d'une véritable juridiction apte à contrôler le respect des engagements des États et à en garantir l'effectivité.

ARTICLE 4 : AVIS CONSULTATIFS

1. À la demande d'un Etat membre de l'OUA[24], de l'OUA, de tout organe de l'OUA ou d'une organisation africaine reconnue par l'OUA, la Cour peut donner un avis sur toute question juridique concernant la Charte ou tout autre instrument pertinent relatif aux droits de l'homme, à condition que l'objet de l'avis consultatif ne se rapporte pas à une requête pendante devant la Commission.

2. Les avis consultatifs de la Cour sont motivés. Un juge peut y joindre une opinion individuelle ou dissidente.

Commentaire de l'article 4 -Avis consultatifs

L'article 4 du Protocole élargit les fonctions de la Cour africaine au-delà de son rôle contentieux classique en lui conférant une compétence consultative. En d'autres termes, la Cour n'est pas seulement une juridiction chargée de trancher des litiges ; elle est aussi un organe d'interprétation et d'orientation juridique[25]. Cette dimension, commune aux grandes juridictions internationales, renforce son utilité et son influence dans l'édification d'un ordre juridique africain des droits de l'homme.

1. Une compétence consultative à finalité préventive et pédagogique

Le paragraphe 1 dispose que la Cour peut, sur demande, « donner un avis sur toute question juridique concernant la Charte ou tout autre

---

[24] L'OUA a été remplacée par l'union africaine (UA).

[25] M. KAMTO (sous dir.), La *Charte africaine des droits de l'homme et des peuples et le Protocole y relatif portant création de la Cour africaine des droits de l'homme : commentaire article par article*, Bruylant, 2011, pp. 1296-1298.

instrument pertinent relatif aux droits de l'homme ». Cette fonction consultative poursuit plusieurs objectifs essentiels :

Préventif : elle permet d'éviter la survenance de différends en clarifiant en amont l'interprétation des textes juridiques ;

Pédagogique : elle éclaire les États et les organisations africaines sur la portée de leurs obligations et contribue à l'harmonisation des pratiques nationales.

Normatif : elle enrichit le droit africain des droits de l'homme par une jurisprudence interprétative, qui a une autorité morale importante même si elle n'a pas de force obligatoire.

En cela, la fonction consultative contribue à la progressive consolidation d'un corpus juris africain, renforçant l'influence de la Cour, même en dehors du contentieux.

2. Les entités habilitées à demander un avis

L'article 4 énumère les acteurs pouvant solliciter un avis consultatif :

Les États membres de l'OUA : cette possibilité renforce leur capacité à anticiper les litiges et à s'assurer de la conformité de leurs lois et pratiques aux instruments internationaux ;

L'OUA elle-même et ses organes : ils peuvent demander des éclaircissements sur la portée de certaines dispositions pour guider leur action institutionnelle.

Les organisations africaines reconnues par l'OUA : cette ouverture est particulièrement significative, car elle permet à des acteurs non étatiques de contribuer à l'évolution du droit continental, à condition qu'ils aient obtenu une reconnaissance officielle.

Cette liste révèle une volonté d'associer non seulement les États, mais aussi les acteurs institutionnels et sociétaux dans l'interprétation des droits fondamentaux, ce qui traduit une approche inclusive de la gouvernance juridique africaine.

3. Limitation : absence d'interférence avec les affaires pendantes devant la Commission africaine

Le texte prévoit une limitation essentielle : la Cour ne peut pas donner d'avis consultatif sur une question liée à une requête déjà pendante devant la Commission africaine.

Cette restriction vise à :

Préserver l'intégrité du processus contentieux : il serait contraire au principe du contradictoire que la Cour se prononce indirectement sur une affaire en cours.

Éviter les conflits de compétence entre la Cour et la Commission ;

Maintenir la neutralité de la Cour avant qu'elle soit éventuellement saisie d'un litige sur la même question ;

Ainsi, cette disposition garantit que la fonction consultative ne sera pas utilisée pour influencer une procédure en cours ou contourner les voies de recours établies.

4. Valeur juridique et portée des avis consultatifs

Le paragraphe 2 précise que les avis consultatifs doivent être motivés, ce qui signifie qu'ils doivent être accompagnés d'un raisonnement juridique détaillé, fondé sur les textes applicables, la jurisprudence et les principes généraux du droit. Bien que ces avis ne soient pas juridiquement contraignants (contrairement aux arrêts), ils exercent une influence significative.

Ils sont dotés d'une autorité morale et sont souvent suivis par les États et les organisations régionales.

Ils contribuent à la formation de la jurisprudence de la Cour, en orientant l'interprétation future des dispositions de la Charte et des autres instruments.

Ils peuvent servir de référence pour les juridictions nationales ou régionales dans leurs propres décisions.

Le texte prévoit également la possibilité pour un juge d'ajouter une opinion individuelle ou dissidente, ce qui favorise la transparence et enrichit le débat juridique. Ces opinions ont souvent une valeur doctrinale importante, car elles peuvent influencer l'évolution future de la jurisprudence.

5. Une fonction commune aux juridictions internationales

La compétence consultative n'est pas propre à la Cour africaine. On la retrouve dans d'autres systèmes régionaux ou universels :

La CIADH et la CEDH disposent de pouvoirs consultatifs, bien que leur portée varie ;

L'inspiration de l'article 4 s'inscrit dans cette tradition internationale tout en l'adaptant aux spécificités africaines, notamment par l'ouverture à des organisations régionales reconnues par l'OUA.

Conclusion

L'article 4 consacre une dimension essentielle de la mission de la Cour : celle d'un organe d'interprétation et de conseil. Par cette compétence consultative, la Cour ne se limite pas à sanctionner des violations, elle contribue aussi à prévenir les conflits, clarifier le droit et orienter les politiques nationales et régionales.

Cette fonction, conjuguée à son autorité morale, confère à la Cour un rôle stratégique dans l'évolution dynamique du droit africain des droits de l'homme. Elle lui permet de participer activement à la construction d'un ordre juridique continental cohérent, en accompagnant les États et les institutions dans la mise en œuvre de leurs obligations internationales, tout en consolidant son autorité intellectuelle et juridique sur la scène africaine.

ARTICLE 5 : SAISINE DE LA COUR

1. Ont qualité pour saisir la Cour :

a) la Commission ;

b) l'État partie qui a saisi la Commission ;

c) l'État partie contre lequel une plainte a été introduite ;

d) l'État partie dont le ressortissant est victime d'une violation des droits de l'homme ;

e) les organisations inter-gouvernementales africaines.

2. Lorsqu'un Etat partie estime avoir un intérêt dans une affaire, il peut adresser à la Cour une requête aux fins d'intervention.

3. la Cour peut permettre aux individus ainsi qu'aux organisations non gouvernementales (ONG) dotées du statut d'observateur auprès de la Commission d'introduire des requêtes directement devant elle conformément à l'article 34(6) de ce Protocole.

Commentaire de l'article 5 – Saisine de la Cour

L'article 5 du Protocole est une disposition fondamentale car il détermine qui peut porter une affaire devant la Cour africaine et dans quelles conditions. En droit international, les règles relatives à la saisine d'une juridiction sont cruciales : elles conditionnent, non seulement, l'effectivité de la justice internationale, mais aussi l'accessibilité de la Cour pour les acteurs concernés. Cet article reflète un compromis entre les exigences de la souveraineté étatique et la nécessité d'assurer une protection efficace des droits fondamentaux.

1. La pluralité des acteurs habilités à saisir la Cour

Le paragraphe 1 énumère cinq catégories d'acteurs pouvant saisir la Cour. Cette diversité est significative car elle illustre la multiplicité des niveaux d'intervention dans la protection des droits de l'homme :

a) La Commission africaine : Son rôle en matière de saisine découle de sa mission traditionnelle d'examen des communications. Elle agit comme une interface entre les victimes et la Cour, notamment lorsque ces dernières n'ont pas un accès direct[26].

b) L'État partie qui a saisi la Commission : Il peut saisir la Cour pour faire trancher un différend non résolu par la Commission. Cela renforce son rôle actif dans le règlement des litiges relatifs aux droits humains.

c) L'État partie contre lequel une plainte a été introduite : Il peut également saisir la Cour, par exemple pour contester les allégations formulées contre lui ou demander une interprétation.

d) L'État dont le ressortissant est victime d'une violation de droits de l'homme : Ce mécanisme s'inspire du principe de protection diplomatique en droit international, permettant à un État d'agir pour défendre les droits de ses ressortissants.[27]

e) Les organisations intergouvernementales africaines : Leur inclusion reflète la volonté d'intégrer les acteurs régionaux dans le système de protection, reconnaissant leur rôle dans la mise en œuvre et le respect des droits fondamentaux.

Cette pluralité d'acteurs traduit une vision inclusive et coopérative de la justice régionale, en dépassant la conception purement interétatique des juridictions internationales.

---

[26] La Commission africaine des droits de l'homme et des peuples (CADHP) joue un rôle central en matière de saisine de la Cour africaine des droits de l'homme et des peuples (CADHP), en agissant comme une interface entre les victimes et la Cour, notamment lorsque celles-ci n'ont pas un accès direct à la juridiction.

[27] Voir, dans ce sens, Affaire Ahmadou Sadio Diallo (République de Guinée c. République démocratique du Congo), CIJ, arrêt du 30 novembre 2010.

2. L'intervention des États tiers : reconnaissance d'un intérêt juridique

Le paragraphe 2 introduit une innovation importante : la possibilité pour un État partie ayant un intérêt dans une affaire d'intervenir. Ce droit d'intervention poursuit plusieurs objectifs :

Il permet aux États d'être entendus lorsque leurs intérêts sont susceptibles d'être affectés par la décision.

Il favorise une meilleure administration de la justice en offrant à la Cour une vision plus complète du contexte du litige.

Il témoigne de la nature collective et solidaire de la protection des droits de l'homme en Afrique, où les États ne sont pas de simples adversaires mais des partenaires dans la mise en œuvre des normes.

Ce mécanisme rapproche la Cour africaine de la pratique d'autres juridictions internationales, comme la CIJ, où l'intervention d'un État tiers est également prévue lorsqu'il a un intérêt d'ordre juridique[28] ou encore la CEDH.[29]

3. L'accès direct des individus et des ONG : une avancée majeure, mais conditionnelle

Le paragraphe 3 est sans doute le plus novateur et le plus débattu : il prévoit que les individus et les organisations non gouvernementales (ONG) ayant un statut d'observateur auprès de la Commission peuvent introduire des requêtes directement devant la Cour. Toutefois, cet accès est subordonné à une condition stricte : l'État concerné doit avoir fait la déclaration spéciale prévue à l'article 34(6) du Protocole.

Cette exigence a des implications importantes :

---

[28] Par exemple, dans l'affaire Pêcheries de l'Atlantique Sud-Est (1971), l'Argentine a été autorisée à intervenir en tant qu'État tiers, car elle avait des intérêts similaires à ceux de l'Afrique du Sud dans l'interprétation des droits de pêche.

[29] Voir article 36 de la Convention européenne de sauvegarde des droits de l'homme et des libertés fondamentales.

Elle reflète un compromis entre la souveraineté étatique et l'accès à la justice. Les États conservent le contrôle sur l'ouverture de cette voie directe, ce qui peut limiter l'effectivité du système.

Dans la pratique, peu d'États africains ont effectué cette déclaration, réduisant considérablement le nombre de requêtes introduites directement par les victimes ou les ONG.

Cependant, là où cette déclaration existe, elle constitue un progrès majeur pour la protection des droits, car elle permet aux acteurs les plus concernés, les victimes elles-mêmes d'accéder à une justice régionale sans passer par des filtres étatiques ou institutionnels.

L'ouverture, même conditionnelle, de la saisine aux acteurs non étatiques est un signe d'évolution du droit international africain vers une conception centrée sur l'individu plutôt que sur l'État.

4. Une architecture équilibrée entre souveraineté et protection des droits

L'ensemble de l'article 5 illustre l'effort de concilier deux impératifs : Respecter la souveraineté des États : la saisine directe reste conditionnée et les États conservent une place centrale dans le processus contentieux.

Renforcer l'effectivité de la protection des droits humains : la diversité des acteurs habilités, l'inclusion des ONG et l'intervention d'États tiers montrent une ouverture progressive du système[30].

Cette approche graduelle reflète la réalité politique du continent africain, où la construction d'un ordre juridique supranational doit composer avec des sensibilités étatiques fortes.

---

[30] Comme le souligne la doctrine, « l'ouverture du système africain à la société civile et aux organes régionaux marque une évolution vers une justice plus accessible, plus transparente et plus contraignante ». https://journals.openedition.org/revdh/2844?lang=en

Conclusion

L'article 5 joue un rôle décisif dans l'architecture du système africain de protection des droits de l'homme. En définissant les acteurs habilités à saisir la Cour, il détermine son accessibilité, sa légitimité et son efficacité.

La diversité des requérants possibles démontre une volonté d'ouverture et de participation collective à la justice régionale, tandis que la condition imposée à la saisine directe des individus traduit le souci de préserver l'équilibre entre protection des droits et souveraineté étatique.

En définitive, cette disposition illustre la maturation progressive du droit africain, qui tend vers une justice accessible et inclusive, sans rompre avec les fondements classiques du droit international.

ARTICLE 6 : RECEVABILITE DES REQUETES

1. La Cour, avant de statuer sur la recevabilité d'une requête introduite en application de l'article 5(3) du présent Protocole, peut solliciter l'avis de la Commission qui doit le donner dans les meilleurs délais.

2. La Cour statue sur la recevabilité des requêtes en tenant compte des dispositions énoncées à l'article 56 de la Charte.

3. La Cour peut connaître des requêtes ou les renvoyer devant la Commission.

Commentaire de l'article 6 – Recevabilité des requêtes

L'article 6 occupe une place stratégique dans la procédure contentieuse devant la Cour africaine des droits de l'homme et des peuples[31]. En droit international, la question de la recevabilité est un filtre essentiel : elle permet de s'assurer que seules les requêtes remplissant certaines conditions procédurales peuvent être examinées au fond. Cette disposition reflète une double préoccupation : préserver l'efficacité et la crédibilité de la Cour d'une part, et assurer la cohérence institutionnelle entre la Commission et la Cour d'autre part.

1. La consultation de la Commission : une logique de coopération institutionnelle

Le paragraphe 1 prévoit qu'avant de statuer sur la recevabilité d'une requête introduite en vertu de l'article 5(3) (c'est-à-dire par des

[31]Sacré KEKE, *L'exercice de la compétence contentieuse de la Cour africaine des droits de l'homme et des peuples, op., cit.*, p. 145.

individus ou des ONG), la Cour peut solliciter l'avis de la Commission africaine.

Cette disposition traduit une volonté claire de renforcer la complémentarité entre les deux organes.

Rôle d'expertise de la Commission : En raison de son expérience dans l'examen des communications individuelles depuis 1987, la Commission dispose d'une expertise précieuse pour apprécier si une requête répond aux critères de recevabilité.

Prévention des contradictions : La consultation permet d'éviter des divergences d'interprétation entre la Commission et la Cour sur la recevabilité des requêtes.

Renforcement de la cohérence du *système* : En impliquant la Commission dans la procédure, la Cour inscrit son action dans la continuité institutionnelle et renforce l'unité du mécanisme africain de protection des droits de l'homme.

Il est toutefois important de noter que la consultation n'est pas obligatoire (« peut solliciter ») : la Cour reste libre de statuer seule, ce qui préserve son indépendance et sa compétence exclusive pour trancher les litiges.

2. Les critères de recevabilité : renvoi à l'article 56 de la Charte

Le paragraphe 2 renvoie aux conditions énoncées à l'article 56 de la Charte africaine, qui fixent les critères traditionnels de recevabilité des communications[32]. Parmi ces critères, on trouve notamment, l'indication de l'identité du requérant, même si celui-ci souhaite garder l'anonymat ;

La compatibilité avec l'acte constitutif de l'UA ;

---

[32] Nisrine Eba NGUEMA, « Recevabilité des communications par la commission africaine des droits de l'homme et des peuples », in *Revue des droits de l'homme*, 5/2014, consulté le 8/10/2025, http://journals.openedition.or/revdh/803, Laurence BURGORGUE-LARSEN, Muriel SOGNIGBE-SANGBANA, « Chronique de jurisprudence de la Cour africaine des droits de l'homme et des peuples (2023-2024) », in *Revue trimestrielle des droits de l'Homme*, 2025/4, N°144, pp. 997-1060.

L'absence de termes outrageants ou insultants ;

Le fait de ne pas se limiter à rassembler exclusivement des nouvelles diffusées par les moyens de communication de masse ;

L'épuisement préalable des recours internes, sauf si ceux-ci sont inexistants, inefficaces ou se prolongent de façon anormale ;

L'introduction de la requête dans un délai raisonnable courant depuis l'épuisement des recours internes ou depuis la date retenue par la Cour comme faisant commencer à courir le délai de sa propre saisine ;

L'absence de règlement de l'affaire conformément aux principes de la Charte des Nations Unies, de l'Acte constitutif de l'UA ou des dispositions de la Charte.

Ces conditions poursuivent plusieurs objectifs :

Protéger la souveraineté des États en leur permettant d'abord de résoudre les violations au niveau national ;

Assurer la subsidiarité de la Cour, qui n'intervient qu'en dernier ressort, après les juridictions nationales ;

Prévenir l'abus de procédure en filtrant les requêtes manifestement infondées ou malveillantes.

Ainsi, l'exigence de recevabilité fonctionne comme un filtre procédural visant à concilier le droit d'accès à la justice internationale avec la stabilité de l'ordre juridique interne.

3. La faculté de renvoi des affaires : complémentarité fonctionnelle

Le paragraphe 3 précise que la Cour peut, soit connaître directement d'une requête, soit la renvoyer à la Commission. Cette possibilité traduit, à nouveau, la logique de coopération et de complémentarité entre les deux organes :

Connaître directement de la requête : Dans certains cas, notamment lorsque les critères de recevabilité sont manifestement remplis ou que l'affaire présente une gravité particulière, la Cour peut statuer sans passer par la Commission. Cela permet un gain de temps et renforce l'efficacité de la justice régionale.

Renvoyer la requête : Dans d'autres situations, par exemple si l'affaire nécessite une première appréciation ou une médiation préalable, la Cour peut estimer préférable de laisser la Commission jouer son rôle quasi-juridictionnel. Ce renvoi contribue à éviter la saturation de la Cour et à maintenir une répartition équilibrée des compétences.

Cette flexibilité procédurale illustre la volonté des rédacteurs du Protocole de créer un système intégré à deux niveaux, dans lequel la Commission et la Cour agissent en synergie plutôt qu'en concurrence.

4. Portée et enjeux de l'article 6

L'article 6 présente plusieurs enjeux majeurs pour l'efficacité du système africain de protection des droits de l'homme :

Il garantit la qualité des affaires traitées par la Cour en filtrant les requêtes selon des critères stricts ;

Il renforce la crédibilité et la légitimité de la Cour en s'assurant que son intervention se justifie juridiquement et institutionnellement ;

Il préserve l'équilibre institutionnel entre la Commission et la Cour, en permettant une répartition souple des rôles et une collaboration dynamique.

Cependant, certains critiques estiment que ces conditions, notamment l'exigence d'épuisement des recours internes, peuvent constituer un obstacle à l'accès à la justice pour les victimes, surtout dans les États où le système judiciaire est faible ou peu indépendant. Cela explique pourquoi certaines ONG plaident pour une interprétation souple de ces critères par la Cour.[33]

---

[33] Par exemple, dans l'affaire *Media Rights Agenda et autres c. Nigeria* (2000), la Commission africaine a estimé que les recours internes étaient inopérants en raison de l'absence de garanties d'indépendance du pouvoir judiciaire. La Cour, suivant cette orientation, a confirmé dans plusieurs décisions que l'inefficacité du système

Conclusion

L'article 6 joue un rôle clé dans la procédure devant la Cour africaine. En établissant des conditions de recevabilité claires, en prévoyant une coopération avec la Commission et en offrant à la Cour une certaine marge de manœuvre dans le traitement des requêtes, il contribue à faire de la juridiction africaine un organe à la fois crédible, efficace et complémentaire.

Cette disposition reflète un équilibre délicat : d'un côté, elle préserve la souveraineté des États et évite les recours abusifs ; de l'autre, elle garantit l'accès des victimes à une justice régionale capable de statuer sur des violations graves des droits fondamentaux. En ce sens, elle constitue un maillon essentiel dans la construction d'un système africain de protection des droits de l'homme à la fois rigoureux et accessible.

---

judiciaire national peut justifier une dérogation à l'épuisement des recours. https://www.african-court.org/wpafc/comment-deposer-une-plainte/?lang=fr.

ARTICLE 7 : DROIT APPLICABLE

La Cour applique les dispositions de la Charte ainsi que tout autre instrument pertinent relatif aux droits de l'homme et ratifié par l'Etat concerné.

Commentaire de l'article 7 – Droit applicable

L'article 7 du Protocole, bien qu'il soit formulé de manière concise, est d'une importance juridique fondamentale : il détermine les sources normatives sur lesquelles la Cour africaine fonde ses décisions. En d'autres termes, il trace les contours du droit que la Cour doit appliquer dans l'exercice de sa mission, ce qui conditionne directement l'étendue de sa compétence matérielle et l'efficacité de sa jurisprudence.

1. La Charte africaine : fondement principal de l'ordre juridique africain des droits de l'homme

Le texte indique, d'abord, que la Cour applique les dispositions de la Charte africaine des droits de l'homme et des peuples. Cette référence n'est pas anodine : elle consacre la Charte comme source principale et prioritaire du droit applicable devant la Cour.[34]

Adoptée en 1981 et entrée en vigueur en 1986, la Charte constitue le socle normatif du système africain des droits humains. Elle énonce non seulement les droits civils et politiques, mais aussi les droits économiques, sociaux et culturels, les droits collectifs, et même les devoirs individuels envers la communauté - une particularité qui la distingue des instruments régionaux européens ou interaméricains.

---

[34] Monique CHEMILLIER-GENDREAU, « L'Afrique et les conditions générales de réalisation des droits de l'Homme », in *Revue Africaine de Droit International et Comparé*, Vol. 11, n°1, 1999, pp. 1-13.

En appliquant directement la Charte, la Cour agit comme son interprète suprême et en assure l'effectivité. Sa jurisprudence permet de préciser la portée des droits consacrés, d'en combler les éventuelles lacunes et d'adapter leur contenu à l'évolution des réalités africaines et internationales[35].

2. L'ouverture aux autres instruments : une clause d'expansion normative

La deuxième partie de l'article élargit considérablement l'horizon normatif de la Cour : celle-ci peut également appliquer « tout autre instrument pertinent relatif aux droits de l'homme et ratifié par l'État concerné ».

Cette formulation mérite plusieurs observations :

Caractère inclusif : la notion d'« instrument pertinent » couvre aussi bien les conventions régionales (comme la Charte africaine des droits et du bien-être de l'enfant, le Protocole de Maputo sur les droits des femmes) que les instruments universels (Pactes internationaux de 1966, Convention contre la torture, etc.).

Principe du consentement étatique : la compétence de la Cour à appliquer un instrument est conditionnée par sa ratification par l'État défendeur. Cela reflète un principe fondamental du droit international : *pacta sunt servanda* — un État n'est lié que par les traités auxquels il a consenti.

Élargissement de la protection : en intégrant des textes extérieurs à la Charte, la Cour renforce la densité normative du système africain et offre une protection plus complète aux victimes, tout en alignant sa jurisprudence sur les standards universels.

Cette clause d'ouverture témoigne également d'une volonté politique : celle de faire du système africain non pas un régime isolé, mais un

---

[35] Fatsah OUGUERGOUZ, « La Cour africaine des droits de l'homme et des peuples : premier organe judiciaire africain à vocation continentale », in *Annuaire français de droit international*, 2006/52, pp. 213-240 https://journals.openedition.org/crdf/pdf/8464

espace juridique intégré, en dialogue permanent avec les autres régimes internationaux de protection des droits humains.

3. Vers une jurisprudence évolutive et intégrée

La combinaison de la Charte et d'autres instruments ratifiés offre à la Cour une marge d'interprétation considérable, lui permettant de développer une jurisprudence dynamique et adaptée. Cela lui permet, notamment :

de combler les silences ou ambiguïtés de la Charte par le recours à d'autres normes internationales ;

d'harmoniser le droit africain avec les standards universels, contribuant ainsi à l'universalisation progressive des droits de l'homme ;

d'assurer une cohérence normative dans les cas où plusieurs instruments s'appliquent simultanément.

Cette approche reflète une vision moderne du rôle des juridictions internationales des droits de de l'homme : elles ne se limitent plus à appliquer mécaniquement un seul texte, mais construisent un ordre juridique composite et évolutif, enrichi par une pluralité de sources.

4. Conséquences pratiques pour les États et les justiciables

Pour les États, cette disposition signifie que leur responsabilité ne se limite pas au respect de la Charte : en ratifiant d'autres traités, ils élargissent volontairement le champ des obligations que la Cour peut leur opposer. Cela les incite à harmoniser leur législation nationale non seulement avec la Charte, mais aussi avec l'ensemble des instruments ratifiés.

Pour les justiciables et les ONG, l'article 7 est une garantie : il ouvre la possibilité d'invoquer devant la Cour une gamme beaucoup plus vaste de droits que ceux contenus dans la seule Charte. Cette dimension renforce le potentiel de protection et la légitimité de la Cour comme garant régional des droits humains.

Conclusion

L'article 7 est l'un des piliers du Protocole car il détermine les bases normatives de l'action de la Cour. En combinant l'application obligatoire de la Charte avec la prise en compte de tout autre instrument ratifié, il consacre un modèle flexible, ouvert et évolutif du droit applicable.

Cette disposition illustre parfaitement l'ambition du système africain : bâtir un régime juridique robuste, enraciné dans ses propres valeurs mais en dialogue constant avec les normes internationales, afin d'assurer une protection complète, efficace et contemporaine des droits fondamentaux sur le continent africain.

En ce sens, l'article 7 n'est pas seulement une clause technique : il est le levier de l'universalisation et de la consolidation du droit africain des droits de l'homme, faisant de la Cour un acteur central dans la construction d'un ordre juridique régional intégré.

ARTICLE 8 : EXAMEN DES REQUETES

La Cour fixe dans son Règlement Intérieur les conditions d'examen des requêtes dont elle est saisie en tenant compte de la complémentarité entre elle et la Commission.

Commentaire de l'article 8 - Examen des requêtes

L'article 8 du Protocole, bien que court, joue un rôle central dans l'organisation procédurale du contentieux devant la Cour africaine des droits de l'homme et des peuples. Il concerne la phase de l'examen des requêtes, c'est-à-dire l'ensemble des étapes qui suivent leur recevabilité et précèdent le jugement. Par cette disposition, les rédacteurs ont voulu donner à la Cour une large autonomie procédurale tout en rappelant un principe fondamental de l'architecture institutionnelle africaine : la complémentarité entre la Cour et la Commission.

1. L'autonomie procédurale de la Cour : un pouvoir d'organisation interne

La première partie de l'article confère à la Cour la compétence pour déterminer elle-même les conditions d'examen des requêtes dans son Règlement intérieur. Ce choix n'est pas anodin : il consacre un principe classique du droit international, celui de l'autonomie institutionnelle des juridictions internationales.

Cette autonomie comporte plusieurs dimensions :

Organisation de la procédure : La Cour définit les étapes de l'examen d'une affaire (échanges d'écritures, instruction, production de preuves, auditions, plaidoiries, etc.).

Gestion des délais : Elle fixe les calendriers de procédure, ce qui lui permet de s'adapter à la complexité et à l'urgence des affaires.

Garanties procédurales : Elle établit les règles relatives aux droits de la défense, à la publicité des débats, à la représentation des parties ou encore à l'assistance juridique.

Ce pouvoir d'auto-organisation est essentiel pour assurer l'efficacité, l'indépendance et la flexibilité de la juridiction. Il permet à la Cour de s'adapter aux réalités africaines et d'améliorer sa procédure en fonction de l'expérience acquise et de l'évolution de sa jurisprudence.[36]

2. La complémentarité avec la Commission : un principe structurant

La seconde partie de l'article introduit une exigence fondamentale : dans la définition des conditions d'examen des requêtes, la Cour doit tenir compte de la complémentarité entre elle et la Commission africaine des droits de l'homme et des peuples[37].

Ce rappel institutionnel vise à préserver l'équilibre et la cohérence entre les deux organes créés pour mettre en œuvre la Charte :

Complémentarité fonctionnelle : La Commission conserve un rôle préventif et quasi-judiciaire, notamment dans la promotion des droits, l'examen préliminaire des communications et la médiation. La Cour intervient en aval, comme instance juridictionnelle chargée de statuer sur les violations alléguées et de prononcer des réparations.

Complémentarité procédurale : Certaines affaires peuvent, d'abord, être examinées par la Commission (par exemple, pour vérifier leur recevabilité ou tenter un règlement amiable) avant d'être portées devant la Cour. La procédure doit donc être conçue pour permettre un dialogue fluide entre les deux institutions.

---

[36] V. Champeil-DESPLATS, « La Cour africaine des droits de l'homme et des peuples : entre ambitions et limites », in *Revue des droits de l'homme*, 2015, n° 1. https://journals.openedition.org/crdf/8464

[37] Yao AGBETSE, *Les droits de l'homme et la volonté politique des Etats africains. La Commission africaine des droits de l'homme et des peuples dans tous ses états*, éd., Harmattan, 2023, pp. 145-222.

Complémentarité matérielle : La jurisprudence de la Commission peut servir de base d'interprétation à la Cour, et inversement, contribuant ainsi à l'harmonisation du droit africain des droits de l'homme.

Cette complémentarité est indispensable pour éviter les conflits de compétences et assurer un fonctionnement harmonieux du système. Elle traduit également une volonté politique : faire de la Cour et de la Commission deux piliers d'un même mécanisme intégré, et non deux institutions concurrentes.

3. Portée pratique et implications de l'article 8

L'article 8 a des conséquences importantes pour la pratique juridictionnelle :

Il offre à la Cour une marge d'adaptation pour faire évoluer ses procédures en fonction des besoins et des défis rencontrés (augmentation des requêtes, complexité des affaires, diversité des parties, etc.).

Il garantit un certain équilibre institutionnel, en évitant que la Cour ne marginalise la Commission ou ne double ses fonctions.

Il renforce la sécurité juridique pour les requérants, les États et les autres acteurs en définissant clairement les étapes du processus judiciaire.

Toutefois, cette autonomie n'est pas sans limites : la Cour doit toujours veiller à ce que ses règles internes respectent les principes fondamentaux du procès équitable (droit d'être entendu, égalité des armes, impartialité) et les droits procéduraux reconnus par le droit international des droits de l'homme[38].

---

[38] Par ailleurs, des organes de suivi internationaux, comme le Comité des droits de l'homme de l'ONU, ou des ONG spécialisées (FIDH, Amnesty International), peuvent critiquer des dispositions du Règlement intérieur jugées insuffisantes ou contraires aux standards internationaux.

Conclusion

L'article 8, en apparence purement procédural, revêt en réalité une portée institutionnelle stratégique. Il consacre l'autonomie de la Cour dans la gestion de ses affaires, condition nécessaire à son indépendance et à son efficacité, tout en affirmant le principe de complémentarité avec la Commission, pilier fondamental du système africain de protection des droits de l'homme.

Ainsi, cette disposition reflète la philosophie globale du Protocole : créer une justice régionale souple, adaptable et efficace, tout en assurant la cohérence, la continuité et la complémentarité entre les différents mécanismes chargés de protéger les droits fondamentaux en Afrique.

En somme, l'article 8 garantit que la Cour fonctionne non comme un organe isolé, mais comme une composante d'un système institutionnel intégré, au service d'un même objectif : rendre la protection des droits de l'homme effective sur le continent africain.

ARTICLE 9 : RÈGLEMENT À L'AMIABLE

La Cour peut tenter de régler à l'amiable les cas qui lui sont soumis conformément aux dispositions de la Charte.

Commentaire de l'article 9 – Règlement à l'amiable

L'article 9 du Protocole portant création d'une Cour africaine des droits de l'homme et des peuples introduit dans la procédure contentieuse une dimension souvent négligée mais essentielle à l'efficacité de la justice internationale : celle du règlement amiable. En autorisant la Cour à rechercher une solution consensuelle entre les parties, cette disposition traduit une conception de la justice qui ne se limite pas à la sanction des violations des droits fondamentaux, mais qui vise également à prévenir les conflits, réparer les préjudices et pacifier les relations juridiques.

1. Le règlement amiable : une alternative à la décision juridictionnelle

Le texte dispose « la Cour peut tenter de régler à l'amiable les cas qui lui sont soumis ». Par cette formule, le Protocole confère à la Cour un pouvoir non contentieux qui complète sa fonction juridictionnelle traditionnelle.

Le règlement amiable est un mécanisme de règlement consensuel des différends : au lieu de rendre un arrêt dans le cadre d'une procédure contentieuse, la prend acte de l'accord entre les parties. [39]Ce mécanisme poursuit plusieurs finalités :

[39] https://books.openedition.org/puam/3295?lang=fr

Préventive : il permet d'éviter l'escalade des litiges et de désamorcer les tensions diplomatiques ou politiques.

Réparatrice : il offre aux victimes des solutions parfois plus rapides et mieux adaptées à leurs besoins que celles qu'une décision judiciaire pourrait apporter.

Pragmatique : il contribue à désengorger la Cour et à accélérer la résolution des affaires.

En outre, cette approche correspond à une philosophie africaine de la justice, historiquement fondée sur la recherche du consensus, la conciliation et la restauration de l'harmonie sociale, plutôt que sur la confrontation judiciaire.

2. Le fondement juridique : le respect des principes de la Charte

L'article précise que cette faculté doit être exercée « conformément aux dispositions de la Charte ». Cette exigence a une portée juridique importante : elle encadre strictement le processus de règlement amiable afin d'éviter toute dérive.

Ainsi, un accord ne peut :

Ni contredire les principes fondamentaux de la Charte africaine des droits de l'homme et des peuples ;

Ni aboutir à une renonciation aux droits protégés par celle-ci ;

Ni porter atteinte à l'ordre public africain des droits fondamentaux.

Autrement dit, le règlement amiable n'est pas un moyen pour les États d'échapper à leurs responsabilités internationales. Il doit au contraire être un outil de mise en œuvre de leurs obligations, utilisé de manière conforme aux standards africains et internationaux en matière de droits humains.

3. Une procédure souple et consensuelle

L'article 9 ne fixe aucune forme précise pour le règlement amiable, laissant à la Cour une grande liberté procédurale dans l'organisation de ce processus. En pratique, celui-ci peut prendre plusieurs formes :

L'ouverture de négociations supervisées par la Cour entre les parties ;

La formulation par la Cour de propositions de règlement acceptables pour les deux parties ;

La validation d'un accord qui, une fois conclu, est consignée par la Cour et peut être rendu public.

Cette souplesse présente plusieurs avantages : elle permet d'adapter la procédure aux spécificités de chaque affaire, de favoriser des solutions sur mesure et d'offrir aux victimes des réponses parfois plus satisfaisantes que l'exécution stricte d'un arrêt.

4. Effets juridiques et portée d'un règlement amiable

Lorsqu'un accord amiable est conclu, il lie généralement les parties, qui s'engagent à en respecter les termes. La Cour peut également surveiller son exécution et être saisie, à nouveau, en cas de non-respect.

Il est cependant essentiel de souligner que le recours à ce mécanisme ne prive pas la Cour de ses prérogatives : si les négociations échouent ou si l'accord envisagé viole les principes fondamentaux de la Charte, la Cour conserve la possibilité de reprendre la procédure contentieuse et de rendre un arrêt.

5. La place du règlement amiable dans le système africain des droits de l'homme

L'insertion d'un tel mécanisme reflète l'originalité du système africain de protection des droits fondamentaux. Contrairement à d'autres régimes internationaux plus formalistes, l'Afrique privilégie souvent des modes alternatifs de règlement des différends (ADR-Alternative Dispute Résolution), jugés plus adaptés aux réalités politiques, sociales et culturelles du continent[40].

Cette approche est parfaitement conforme à l'esprit de la Charte, qui insiste, non seulement, sur les droits individuels, mais aussi sur les

[40] Ces mécanismes sont particulièrement utiles dans des contextes post-conflit ou de fragilité institutionnelle, où un arrêt contraignant pourrait être ignoré, tandis qu'un accord négocié a plus de chances d'être mis en œuvre.

devoirs envers la communauté et la préservation de la paix sociale. Elle traduit une conception de la justice non pas exclusivement punitive, mais réparatrice, participative et réconciliatrice.

Conclusion

L'article 9 élargit la mission de la Cour africaine au-delà du strict contentieux en introduisant un outil souple, pragmatique et efficace de règlement des différends. Il consacre un modèle de justice qui ne vise pas seulement à sanctionner les violations, mais aussi à restaurer l'ordre juridique, à renforcer la coopération entre les parties et à favoriser des solutions durables.

En ce sens, cette disposition illustre parfaitement l'ambition du système africain de protection des droits de l'homme : faire de la Cour non seulement une juridiction, mais également un acteur actif de la paix, de la cohésion sociale et de la réalisation concrète des droits fondamentaux sur le continent africain.

ARTICLE 10 : AUDIENCES DE LA COUR ET REPRÉSENTATION

1. **Les audiences de la Cour sont publiques. La Cour peut cependant tenir ses audiences à huis clos, dans les conditions prévues par le Règlement Intérieur.**

2. **Toute partie à une affaire a le droit de se faire représenter par le conseil juridique de son choix. Une représentation ou une assistance judiciaire peut être gratuitement assurée dans les cas où l'intérêt de la justice l'exige.**

3. **Toutes personnes, témoins ou représentants des parties appelés à comparaître devant la Cour jouissent de la protection et des facilités reconnues par le Droit International et nécessaires à l'accomplissement de leurs fonctions, de leurs devoirs et de leurs obligations en rapport avec la Cour.**

Commentaire de l'article 10 – Audiences de la Cour et représentation

L'article 10 du Protocole traite d'un aspect fondamental de toute juridiction : l'organisation des audiences et les droits procéduraux des parties. Ces dispositions, bien qu'apparemment techniques, sont essentielles à la garantie d'un procès équitable et à l'effectivité de la justice devant la Cour africaine des droits de l'homme et des peuples. Elles traduisent également les standards internationaux en matière de justice, en assurant la transparence, la représentation juridique et la protection des acteurs judiciaires.

1. La publicité des audiences : principe de transparence et de légitimité

Le paragraphe 1 énonce un principe fondamental : « Les audiences de la Cour sont publiques. » La publicité des débats est un pilier du droit à un procès équitable, reconnu aussi bien dans les systèmes nationaux que dans les instruments internationaux (notamment l'article 14 du Pacte international relatif aux droits civils et politiques ou l'article 7 de la Charte africaine). La publicité poursuit plusieurs objectifs majeurs :

Garantir la transparence : elle permet de contrôler l'impartialité et l'indépendance de la Cour, renforçant ainsi la confiance des justiciables en l'institution.

Renforcer la légitimité : la visibilité des débats judiciaires assure que la justice ne soit pas seulement rendue, mais qu'elle le soit « publiquement », contribuant ainsi à son acceptation par les parties et l'opinion publique.

Prévenir l'arbitraire : elle empêche les procédures secrètes susceptibles de violer les droits de la défense.

Toutefois, le texte prévoit une exception importante : la Cour peut décider de tenir ses audiences à huis clos « dans les conditions prévues par le Règlement intérieur ». Cette possibilité répond à des nécessités légitimes, notamment :

La protection de la vie privée des victimes, en particulier dans les affaires sensibles (violences sexuelles, mineurs, etc.) ;

La préservation de l'ordre public ou de la sécurité nationale ;

La protection des témoins ou des preuves.

Cette exception, strictement encadrée, illustre un principe fondamental du droit procédural : la publicité est la règle, le huis clos l'exception, justifiable uniquement par des motifs sérieux et objectifs[41].

---

[41] Par exemple, dans *l'affaire Lohé Issa Konaté c. Burkina Faso*, la Cour a insisté sur la nécessité de garantir la publicité des débats, même dans des affaires politiquement sensibles, sauf si des risques avérés pour la sécurité ou la dignité des personnes sont

2. Le droit à la représentation : une garantie d'égalité et de défense

Le paragraphe 2 consacre un autre principe essentiel du procès équitable : le droit pour chaque partie d'être représentée par le conseil juridique de son choix. Cette disposition garantit l'égalité des armes entre les parties et assure une défense effective de leurs intérêts.

La représentation légale est particulièrement importante dans une juridiction internationale, où les questions soulevées sont souvent complexes et exigent une expertise juridique approfondie. Elle permet également aux victimes ou aux ONG, souvent démunies face à des États disposant de moyens considérables, d'accéder à la justice dans des conditions équitables[42].

De plus, l'article prévoit une disposition essentielle : « *Une représentation ou une assistance judiciaire peut être gratuitement assurée dans les cas où l'intérêt de la justice l'exige* ». Cette clause reflète un engagement fort en faveur de l'accès à la justice, principe reconnu en droit international des droits de l'homme. Elle vise principalement les situations où :

Les parties n'ont pas les moyens financiers de se payer un avocat ;

Les affaires sont d'une complexité juridique particulière ;

L'absence de représentation pourrait compromettre la justice de la procédure.

Ainsi, cette disposition contribue à rendre la justice régionale accessible et inclusive, notamment pour les individus ou groupes vulnérables.

---

démontrés. https://accf-francophonie.org/chronique-de-jurisprudence-de-la-cour-africaine-des-droits-de-lhomme-et-des-peuples-2015-2016/

[42] Par exemple, dans *l'affaire SERAC c. Nigeria*, la représentation par des avocats spécialisés a permis de documenter systématiquement les violations environnementales et de les relier aux droits à la vie et à un environnement sain, malgré la résistance de l'État. https://journals.openedition.org/revdh/2844

3. La protection des acteurs judiciaires : une exigence du droit international

Le paragraphe 3 prévoit que « toutes personnes, témoins ou représentants des parties appelés à comparaître devant la Cour jouissent de la protection et des facilités reconnues par le droit international ». Cette disposition reflète une exigence essentielle : garantir la sécurité, la liberté et l'intégrité des acteurs participant à la procédure.

La protection vise plusieurs catégories de personnes : les témoins, qui ne doivent subir aucune forme de représailles ou d'intimidation pour leur témoignage ; les victimes et leurs représentants, qui doivent pouvoir participer à la procédure sans crainte de persécution ainsi que avocats et les agents des États, dont l'indépendance doit être garantie.

Les « facilités » évoquées peuvent inclure l'octroi de visas, la protection diplomatique, l'immunité de juridiction pour les actes liés à la procédure, ou encore l'assistance logistique nécessaire à leur participation. Ces garanties sont indispensables pour assurer une procédure juste, efficace et sécurisée, conforme aux standards internationaux (notamment ceux prévus par la Convention sur les privilèges et immunités des Nations unies ou par les pratiques de la Cour internationale de Justice).

4. Portée et importance de l'article 10 dans le système africain des droits de l'homme

L'article 10, dans son ensemble, renforce considérablement le caractère équitable et crédible de la procédure devant la Cour. En combinant trois éléments fondamentaux, à savoir publicité des audiences, représentation juridique et protection des acteurs, il établit un cadre procédural conforme aux exigences internationales les plus élevées.

Ce dispositif est particulièrement crucial dans le contexte africain, où les obstacles à l'accès à la justice peuvent être nombreux (faiblesse des systèmes judiciaires internes, manque de ressources, pressions politiques, etc.). En offrant des garanties procédurales solides, la Cour africaine se positionne comme un véritable forum de justice internationale, capable d'assurer un traitement impartial, équitable et respectueux des droits fondamentaux.[43]

Conclusion

L'article 10 du Protocole joue un rôle déterminant dans la consolidation de l'État de droit à l'échelle continentale. En garantissant la publicité des audiences, en assurant le droit à la représentation juridique, et en protégeant toutes les personnes impliquées dans la procédure, il érige la Cour africaine en une juridiction conforme aux standards internationaux les plus exigeants en matière de procès équitable.

Cette disposition illustre l'ambition du système africain des droits de l'homme : offrir une justice transparente, accessible, protectrice et respectueuse des droits des parties, tout en renforçant la légitimité et l'efficacité de la Cour comme institution judiciaire suprême sur le continent.

---

[43] FIDH, Plaintes et admissibilité devant la Cour africaine, juin 2016 : https://www.fidh.org/IMG/pdf/plaintes_et_admissibilite_devant_la_cour_africaine_juin_2016_fr_web.pdf.

ARTICLE 11 : COMPOSITION DE LA COUR

1. La Cour se compose de onze juges, ressortissants des Etats Membres de l'OUA, élus à titre personnel parmi des juristes jouissant d'une très haute autorité morale, d'une compétence et expérience juridique, judiciaire ou académique reconnue dans le domaine des Droits de l'Homme et des Peuples.

2. La Cour ne peut comprendre plus d'un juge de la même nationalité.

Commentaire de l'article 11 – Composition de la Cour

L'article 11 du Protocole est d'une importance capitale car il définit la structure de la Cour africaine des droits de l'homme et des peuples. En déterminant le nombre de juges, leurs qualités requises et certaines conditions de nationalité, cette disposition vise à garantir l'indépendance, la compétence et la légitimité de l'institution. L'efficacité d'une juridiction internationale dépend en effet largement de la qualité de ses membres, de leur impartialité et de leur représentativité.

1. Le nombre de juges : un équilibre entre représentativité et efficacité

Le paragraphe 1 prévoit que la Cour est composée de onze juges. Ce nombre n'a rien d'arbitraire : il résulte d'un compromis entre deux exigences fondamentales.

D'une part, il s'agit d'assurer une représentativité adéquate du continent africain. La Cour doit refléter la diversité géographique, juridique, culturelle et linguistique des États membres de l'OUA (aujourd'hui l'Union africaine). Cette diversité est essentielle pour garantir que la jurisprudence tienne compte des réalités et traditions juridiques africaines.

D'autre part, il est important de préserver l'efficacité de la juridiction. Une composition trop large pourrait alourdir le processus décisionnel et nuire à la rapidité des procédures. À l'inverse, un nombre trop restreint pourrait compromettre la représentativité et limiter la pluralité des points de vue. Le choix de onze juges permet donc de concilier ces deux impératifs.

Ce nombre se rapproche petit à petit de celui des autres juridictions régionales des droits de l'homme (par exemple, la Cour interaméricaine compte sept juges), ce qui témoigne d'une volonté d'harmoniser les standards institutionnels.[44]

2. Élection des juges à titre personnel : une garantie d'indépendance

Le texte précise que les juges sont élus à titre personnel, et non comme représentants de leur État. Cette précision est essentielle pour garantir leur indépendance et leur impartialité.

Indépendance : les juges ne représentent pas les intérêts de leur pays d'origine, mais agissent en tant que membres d'un organe judiciaire international. Leur devoir premier est envers la Charte africaine et les normes internationales des droits de l'homme.

Impartialité : cette élection à titre individuel évite toute pression politique directe des États sur leurs décisions.

Cette règle s'inscrit dans la tradition des juridictions internationales, telles que la CIJ ou la CEDH, où les juges exercent également leurs fonctions en toute indépendance par rapport à leur gouvernement.

3. Qualités requises : compétence, expérience et autorité morale

---

[44] Cette harmonisation renforce la légitimité et la crédibilité des juridictions régionales, tout en facilitant les dialogues interrégionaux et les échanges de jurisprudence.

L'article 11 impose des critères rigoureux pour être éligible à la fonction de juge. Les candidats doivent :

Jouir d'une très haute autorité morale : cette exigence garantit que les juges soient non seulement techniquement compétents, mais aussi crédibles et respectés sur le plan éthique. La légitimité d'une juridiction internationale repose en effet sur la confiance qu'inspirent ses membres.

Disposer d'une compétence et d'une expérience reconnue dans le domaine juridique, judiciaire ou académique : ces critères visent à assurer la qualité et la solidité des décisions rendues. La Cour étant amenée à trancher des questions complexes relatives aux droits de l'homme, il est indispensable que ses juges possèdent une expertise approfondie en droit international, en droits fondamentaux ou en jurisprudence comparée.

En combinant exigences morales et professionnelles, l'article 11 établit un standard élevé pour garantir que la Cour soit composée de personnalités hautement qualifiées, capables de rendre des décisions éclairées et impartiales.

4. Principe de non-cumul de nationalité : impartialité et diversité

Le paragraphe 2 stipule que « la Cour ne peut comprendre plus d'un juge de la même nationalité ». Ce principe, largement appliqué dans les juridictions internationales, poursuit plusieurs objectifs fondamentaux :

Préserver l'indépendance collective de la Cour : en évitant une surreprésentation d'un État, cette règle empêche toute influence disproportionnée dans la prise de décision.

Garantir la diversité géographique et culturelle : la présence de juges issus d'États différents favorise un pluralisme juridique et une prise en compte des réalités variées du continent.

Renforcer la confiance des États membres : chaque État sait que ses intérêts ne seront pas marginalisés dans l'équilibre institutionnel.

Ce principe contribue ainsi à la crédibilité et à la légitimité de la Cour, perçue comme un organe véritablement continental plutôt que dominé par un petit nombre de pays.

5. Portée et importance de l'article 11 dans le système africain

L'article 11 joue un rôle crucial dans l'architecture institutionnelle de la Cour africaine. En fixant des critères exigeants de compétence, de moralité et de diversité, il vise à faire de la Cour une juridiction indépendante, représentative et respectée, capable de rendre des décisions impartiales et fondées sur un haut niveau d'expertise juridique[45].

La légitimité et l'efficacité d'une juridiction internationale reposent en grande partie sur la qualité de ses juges. En cela, l'article 11 contribue directement à la crédibilité de la Cour, à la confiance des justiciables et à l'autorité de ses décisions sur la scène internationale.

Conclusion

L'article 11 du Protocole n'est pas une simple disposition organisationnelle : il constitue l'un des piliers de l'indépendance et de l'autorité de la Cour africaine. En prévoyant un nombre équilibré de juges, en exigeant d'eux une compétence reconnue et une haute moralité, en imposant une élection à titre personnel et en limitant la représentation nationale, il établit les bases d'une institution crédible, impartiale et représentative.

Par cette architecture, la Cour africaine se dote des moyens humains nécessaires pour remplir sa mission fondamentale : garantir la protection des droits de l'homme et des peuples sur le continent, dans le respect des principes universels de justice et d'État de droit.

---

[45] Fatsah OUGUERGOUZ, « La Cour africaine des droits de l'homme et des peuples : premier organe judiciaire africain à vocation continentale », *op., cit.*, p. 220.

ARTICLE 12 : CANDIDATURES

1. Chaque Etat partie au Protocole peut présenter jusqu'à trois candidats dont au moins deux doivent être ressortissants de l'Etat qui les présente.

2. Lors de la présentation des candidatures, il sera dûment tenu compte de la représentation adéquate des deux sexes.

Commentaire de l'article 12 – Candidatures

L'article 12 du Protocole précise les conditions de présentation des candidatures aux fonctions de juge de la Cour africaine des droits de l'homme et des peuples. Cette disposition complète logiquement l'article 11 relatif à la composition de la Cour et constitue une étape déterminante dans la construction institutionnelle de celle-ci. Elle vise à garantir un processus de sélection transparent, équilibré et représentatif, condition essentielle pour assurer la légitimité, l'indépendance et la crédibilité de la juridiction.

1. Le droit de présentation des candidatures : un privilège réservé aux États parties

Le paragraphe 1 confère à chaque État partie au Protocole le droit de présenter jusqu'à trois candidats à la fonction de juge. Cette règle est conforme à la pratique en matière de juridictions internationales (Cour internationale de Justice, Cour européenne des droits de l'homme, etc.), où les États jouent un rôle central dans le processus de nomination.

Ce mécanisme poursuit plusieurs objectifs :

Impliquer directement les États dans la création et le fonctionnement de la Cour, renforçant ainsi leur sentiment d'appropriation et leur engagement envers l'institution ;

Assurer un vivier de candidats qualifiés en permettant la présentation de plusieurs profils, ce qui enrichit la diversité des compétences et des expériences.

Garantir la qualité des nominations : en fixant un maximum de trois candidats, le texte incite les États à procéder à une sélection rigoureuse sur la base de critères objectifs, notamment ceux énoncés à l'article 11 (haute moralité, compétence, expérience reconnue en matière de droits de l'homme).

Par ailleurs, le Protocole précise que deux des trois candidats doivent être ressortissants de l'État qui les propose. Cette exigence répond à une double logique :

Elle permet aux États de soutenir principalement leurs propres juristes, dont ils connaissent les compétences et l'intégrité ;

Elle laisse néanmoins une certaine marge d'ouverture internationale, en permettant la présentation d'un candidat étranger, souvent choisi pour son expertise ou son prestige académique.

Cette flexibilité est essentielle pour garantir un équilibre entre souveraineté nationale et dimension internationale de la Cour.

2. L'exigence de parité de genre : vers une justice plus représentative

Le paragraphe 2 introduit une exigence particulièrement significative : lors de la présentation des candidatures, les États doivent veiller à assurer une représentation adéquate des deux sexes. Cette disposition reflète une évolution majeure du droit international contemporain et du droit africain des droits de l'homme : la reconnaissance de l'égalité de genre comme principe fondamental dans la composition des institutions publiques, y compris judiciaires.

Cette exigence a plusieurs implications :

Égalité substantielle : il ne s'agit plus seulement d'une égalité formelle, mais d'une recherche de représentation équilibrée des hommes et des femmes dans l'exercice de la justice internationale.

Légitimité démocratique : une juridiction représentative de la diversité de la société qu'elle sert renforce sa légitimité et la confiance des citoyens.

Enrichissement jurisprudentiel : la diversité des perspectives de genre contribue à une compréhension plus riche et nuancée des affaires, notamment dans les domaines touchant aux droits des femmes, à la discrimination ou à la violence basée sur le genre.[46]

Cette disposition reflète également les engagements pris par l'Union africaine en matière d'égalité des sexes, notamment dans l'Acte constitutif de l'UA, le Protocole de Maputo (2003) ou encore l'Agenda 2063, qui promeuvent la participation pleine et effective des femmes dans les institutions décisionnelles[47].

3. Portée et enjeux pratiques de l'article 12

L'article 12, bien qu'il paraisse technique, a une portée politique et juridique importante. Il joue un rôle déterminant dans l'indépendance, la diversité et la représentativité de la Cour. Toutefois, il soulève aussi certains défis pratiques :

Sélection fondée sur le mérite : certains États pourraient être tentés de proposer des candidats pour des raisons politiques plutôt que sur la base de critères objectifs. Il appartient alors aux organes électoraux de l'Union africaine de veiller au respect des qualifications exigées.

Mise en œuvre effective de la parité : malgré la mention explicite de la représentation des sexes, les pratiques étatiques peuvent rester

---

[46] Dans l'affaire Centre for Human Rights and Democracy in Africa (CHRDA) c. République-Unie de Tanzanie (2022), la Cour a condamné l'interdiction faite aux femmes enceintes de poursuivre leurs études, affirmant que cette mesure constituait une discrimination fondée sur le sexe, contraire aux articles 2 (non-discrimination) et 18 (protection de la femme) de la Charte africaine. https://journals.openedition.org/crdf/8464

[47] Agenda 2063, Aspirations 6 et 7 : https://au.int/fr/agenda2063.

inégales. L'efficacité de cette disposition dépend donc de la volonté politique des États.

Ouverture internationale limitée : la condition selon laquelle deux des trois candidats doivent être nationaux de l'État peut parfois restreindre la diversité géographique ou linguistique du vivier de candidats.

Malgré ces défis, la combinaison de critères de compétence, d'indépendance, d'autorité morale et de parité contribue à renforcer la crédibilité institutionnelle de la Cour africaine.

Conclusion

L'article 12 complète les dispositions relatives à la composition de la Cour en établissant les conditions de présentation des candidatures. En réservant ce droit aux États parties, en imposant un équilibre entre ressortissants nationaux et ouverture internationale, et surtout en intégrant une exigence de représentation équilibrée des sexes, cette disposition reflète les valeurs fondamentales du système africain des droits de l'homme : compétence, diversité, égalité et légitimité.

Elle illustre également l'ambition de l'Union africaine d'avoir une juridiction crédible, représentative de la société africaine dans toute sa diversité, et capable d'incarner les principes de justice, d'égalité et de respect des droits fondamentaux sur lesquels repose son mandat.

ARTICLE 13 : LISTE DES CANDIDATS

1. Dès l'entrée en vigueur du présent Protocole, le Secrétaire Général de l'OUA invite les Etats parties au Protocole à procéder, dans un délai de quatre-vingt-dix (90) jours, à la présentation des candidatures au poste de juge à la Cour.

2. Le Secrétaire Général de l'OUA dresse la liste alphabétique des candidats présentés et la communique aux Etats membres de l'OUA, au moins trente (30) jours avant la session suivante de la Conférence des Chefs d'Etat et de Gouvernement de l'OUA (ci-après dénommée « la Conférence »).

Commentaire de l'article 13 – Liste des candidats

L'article 13 du Protocole s'inscrit dans la logique des dispositions précédentes relatives à la composition (article 11) et aux candidatures (article 12) de la Cour africaine. Il établit les modalités procédurales de constitution de la liste des candidats au poste de juge. Cette étape, qui peut paraître technique, est en réalité fondamentale car elle conditionne la transparence, l'égalité de traitement et la régularité du processus de sélection. Elle traduit aussi une volonté de doter la Cour d'un mécanisme de nomination conforme aux standards internationaux en matière de justice internationale.

1. L'appel à candidatures : un mécanisme institutionnel organisé

Le paragraphe 1 prévoit que, dès l'entrée en vigueur du Protocole, le Secrétaire général de l'Organisation de l'unité africaine (OUA) invite les États parties à soumettre leurs candidats dans un délai de 90 jours.

Cette disposition remplit plusieurs fonctions importantes :

Lancer formellement le processus de création de la Cour : l'appel à candidatures constitue la première étape concrète dans la mise en place de l'institution.

Assurer l'uniformité de la procédure : en fixant le même délai à tous les États parties, le texte garantit que chacun dispose des mêmes conditions de participation et empêche les candidatures tardives susceptibles de perturber le processus électoral.

Encourager la participation des États : la sollicitation officielle par le Secrétaire général vise à impliquer activement tous les États membres dans la formation de la Cour, ce qui renforce leur sentiment de légitimité et d'appropriation de l'institution.

Cette étape revêt également une dimension politique : elle symbolise la responsabilité collective des États africains dans l'établissement d'un organe judiciaire commun chargé de protéger les droits fondamentaux sur le continent.

2. Le rôle du Secrétaire général (actuel Président de la Commission de l'UA) : garant de l'équité et de la transparence

Le paragraphe 2 confie au Secrétaire général de l'OUA (Président de la Commission de l'UA) une mission essentielle : dresser la liste alphabétique des candidats proposés par les États parties et la communiquer à tous les membres de l'organisation au moins 30 jours avant la session suivante de la Conférence des chefs d'État et de gouvernement.

Cette étape présente plusieurs enjeux majeurs :

Neutralité institutionnelle : le rôle du Secrétaire général est avant tout administratif et impartial. Il agit comme un facilitateur du processus électoral, garantissant que toutes les candidatures soient traitées équitablement et sans discrimination.

Transparence : la publication d'une liste alphabétique accessible à tous les États membres renforce la confiance dans la régularité du processus et prévient toute suspicion de favoritisme ou de manipulation.

Préparation des élections : la communication préalable de la liste permet aux États d'examiner les profils des candidats, d'évaluer leurs compétences et d'engager éventuellement des consultations diplomatiques avant le scrutin.

Le délai de 30 jours est également significatif : il offre un temps suffisant pour un examen approfondi des candidatures et pour permettre un vote éclairé par la Conférence.

3. Portée juridique et institutionnelle de l'article 13

L'article 13 contribue à renforcer la crédibilité démocratique et la légitimité politique de la Cour africaine. En encadrant strictement la procédure de présentation et de diffusion des candidatures, il établit un processus fondé sur des principes clés du droit international institutionnel :

Principe d'égalité souveraine : chaque État partie bénéficie des mêmes droits et du même délai pour présenter ses candidats.

Principe de transparence : la publication d'une liste commune empêche toute opacité dans la sélection et contribue à l'acceptation des résultats par les États membres.

Principe de participation collective : en associant tous les États à la connaissance et à l'examen des candidatures, l'article favorise un sentiment de propriété collective de la Cour, essentielle à son autorité et à sa légitimité.

Cette procédure rappelle celle d'autres juridictions internationales, comme la CIJ ou la Cour pénale internationale (CPI), où les listes de candidats sont également établies par un organe neutre (Secrétaire général ou Assemblée des États parties) pour garantir l'équité du processus électoral[48].

---

[48] À la CIJ, les candidats sont proposés soit par les groupes nationaux du Conseil permanent de la Cour permanente d'arbitrage (CPA), soit par des comités nationaux composés de juristes éminents. Le Secrétaire général de l'ONU compile ensuite les candidatures et transmet une liste complète aux États parties, qui votent lors de l'Assemblée générale et du Conseil de sécurité. https://pedone.info/cij/56-CIJ-.pdf

4. Enjeux politiques et pratiques

Derrière son apparence technique, l'article 13 soulève plusieurs enjeux concrets :

Mobilisation des États : le respect du délai de 90 jours dépend de la volonté politique et de la capacité administrative des États à sélectionner des candidats qualifiés. Dans certains cas, ce délai peut poser problème aux États dont les procédures internes sont longues.

Qualité et diversité des candidatures : la diffusion de la liste permet de promouvoir des candidatures solides et représentatives. Elle encourage également les États à tenir compte de critères tels que la compétence, l'expérience, le genre et la diversité géographique.

Légitimité de l'élection : un processus transparent et équitable limite les contestations politiques et renforce la reconnaissance des juges élus par l'ensemble des États membres.

Conclusion

L'article 13 constitue une étape cruciale dans le processus de mise en place de la Cour africaine des droits de l'homme et des peuples. En organisant la présentation des candidatures et en confiant au Secrétaire général la mission d'établir et de diffuser la liste des candidats, il assure un processus transparent, équitable et collectif, conforme aux principes fondamentaux de la justice internationale.

Par cette procédure, le Protocole renforce non seulement la légitimité institutionnelle de la Cour, mais aussi la confiance des États et des peuples africains dans cette juridiction. En garantissant un processus de nomination ordonné, inclusif et contrôlé, l'article 13 contribue

---

Comme à la Cour africaine, ce processus préserve une forme de neutralité en s'appuyant sur des organes techniques plutôt que sur des décisions purement politiques. https://pedone.info/cij/56-CIJ-.pdf

À la CPI, les candidats sont proposés par les États parties, mais le Comité consultatif sur les nominations (CCN), composé de douze experts indépendants, évalue les qualifications des candidats et établit une liste prioritaire. Cette liste est transmise à l'Assemblée des États parties, qui procède à l'élection.

directement à l'autorité, à l'indépendance et à la crédibilité de la Cour sur la scène régionale et internationale.

ARTICLE 14 : ÉLECTIONS

1. **Les juges à la Cour sont élus au scrutin secret par la Conférence sur la liste visée à l'article 13(2) du présent Protocole.**

2. **La Conférence veille à ce que la composition de la Cour reflète une répartition géographique équitable ainsi que les grands systèmes juridiques.**

3. **Lors des élections, la Conférence veille à ce que la représentation adéquate des deux sexes soit assurée.**

Commentaire de l'article 14 – Élections

L'article 14 du Protocole portant création d'une Cour africaine des droits de l'homme et des peuples constitue une étape décisive dans le processus d'établissement de la juridiction continentale. Après avoir défini sa composition (article 11), précisé les modalités de présentation des candidatures (article 12) et organisé la liste des candidats (article 13), le Protocole aborde ici le cœur du processus : l'élection des juges. Cette disposition est essentielle, car elle garantit à la Cour son caractère démocratique, représentatif et équilibré, tout en assurant son indépendance institutionnelle et sa légitimité politique.

1. L'élection des juges : un processus démocratique et confidentiel

Le paragraphe 1 stipule que les juges sont élus au scrutin secret par la Conférence des chefs d'État et de Gouvernement, sur la base de la liste établie par le Secrétaire général conformément à l'article 13(2). Ce choix procédural est loin d'être anodin : il répond à plusieurs impératifs fondamentaux pour le bon fonctionnement d'une juridiction internationale.

Garantir la liberté de vote des États membres : le recours au scrutin secret empêche toute pression diplomatique ou politique directe et favorise un vote libre, sincère et réfléchi.

Renforcer la légitimité institutionnelle de la Cour : l'élection par l'organe politique suprême de l'Union africaine confère aux juges une autorité incontestable, car ils bénéficient de l'approbation collective des États membres.

Préserver l'indépendance des juges : cette méthode de désignation réduit le risque d'arrangements bilatéraux ou de nominations fondées sur des alliances politiques, contribuant ainsi à l'impartialité des magistrats une fois élus.

Ce choix s'inscrit dans la tradition des juridictions internationales telles que la CIJ, la CEDH ou la Cour pénale internationale (CPI), qui recourent également à un vote secret pour protéger l'intégrité du processus électoral[49].

2. Répartition géographique et diversité des systèmes juridiques : assurer la représentativité de la Cour

Le paragraphe 2 impose à la Conférence de veiller à ce que la composition de la Cour reflète une répartition géographique équitable et prenne en compte les grands systèmes juridiques. Cette exigence, fréquente dans les juridictions internationales, est déterminante pour la légitimité et l'efficacité de l'institution.

Une exigence politique et régionale : la Cour étant une institution continentale, il est indispensable que toutes les régions d'Afrique y soient représentées. Cela garantit une appropriation collective de la juridiction et favorise l'acceptation de ses décisions dans l'ensemble du continent.

Une exigence juridique : l'Afrique est marquée par une grande diversité de traditions juridiques, droit civil, *common law*, droit

[49] Comme le souligne la doctrine, « le secret du vote n'est pas une simple formalité : c'est une garantie fondamentale contre la politisation des institutions judiciaires internationales », https://journals.openedition.org/crdf/8464

coutumier, droit islamique, entre autres. Une représentation équilibrée de ces traditions permet d'élaborer une jurisprudence qui tienne compte des spécificités juridiques et culturelles africaines.

Une exigence qualitative : la diversité des profils enrichit le dialogue entre les différentes conceptions du droit et favorise des décisions plus équilibrées et nuancées.

Cette approche est conforme à la pratique d'autres cours internationales, qui s'efforcent également d'assurer une composition reflétant la pluralité géographique et juridique de la communauté internationale.

3. La représentation équilibrée des sexes : vers une justice inclusive

Le paragraphe 3 impose à la Conférence de veiller à ce que la représentation adéquate des deux sexes soit assurée lors des élections. Cette exigence est un prolongement naturel de l'article 12(2), qui impose déjà aux États de prendre en compte la parité lors de la présentation des candidatures.

L'importance de cette disposition se manifeste à plusieurs niveaux :

Un impératif d'égalité : elle concrétise l'engagement de l'Union africaine en faveur de l'égalité entre les sexes, conformément à ses textes fondateurs et aux engagements internationaux souscrits par ses États membres.

Un facteur de légitimité sociale : une juridiction représentative de la diversité de la société qu'elle sert gagne en crédibilité et en proximité avec les citoyens.

Un enrichissement jurisprudentiel : la présence de femmes au sein de la Cour permet d'apporter une perspective différente et souvent complémentaire, notamment sur des questions sensibles telles que les droits des femmes, la violence basée sur le genre ou l'égalité.

Cette exigence s'inscrit dans la dynamique plus large de l'Union africaine, qui promeut la participation des femmes aux postes de décision, comme en témoignent l'Acte constitutif de l'UA, le Protocole de Maputo (2003) et l'Agenda 2063[50].

4. Portée et enjeux politiques de l'article 14

L'article 14 revêt une portée institutionnelle et politique majeure. En organisant un processus d'élection transparent, inclusif et représentatif, il contribue à la légitimité démocratique, à la crédibilité juridique et à l'indépendance politique de la Cour africaine. Toutefois, plusieurs défis demeurent :

Influence politique persistante : malgré le vote secret, les considérations diplomatiques peuvent parfois prévaloir sur les critères de compétence ou d'intégrité ;

Déséquilibre géographique : certaines régions risquent d'être sous-représentées si elles ne proposent pas suffisamment de candidats qualifiés ;

Application effective de la parité : l'objectif d'égalité des sexes dépend largement de la volonté politique des États et de la qualité des candidatures proposées ;

Malgré ces obstacles, l'article 14 représente une avancée importante vers une justice africaine indépendante, pluraliste, représentative et moderne.

Conclusion

L'article 14 marque l'aboutissement du processus de mise en place de la Cour africaine des droits de l'homme et des peuples. En organisant l'élection des juges par la Conférence des chefs d'État et de Gouvernement au scrutin secret, il garantit l'indépendance et la légitimité de la juridiction. En imposant une répartition géographique équitable, une représentation des grands systèmes juridiques et un

---

[50] Pour concrétiser cette vision, l'UA a adopté la Stratégie pour l'égalité entre les hommes et les femmes et l'autonomisation des femmes (GEWE) 2018-2028, qui fixe des objectifs chiffrés de parité dans les institutions, y compris judiciaires. https://www.arc.int/gender-drmp/au-strategy-for-gender-equality-and-women-s-empowerment-2018-2028.html

équilibre entre les sexes, il assure une composition qui reflète la diversité, la richesse et les valeurs fondamentales du continent africain.

Ainsi, cette disposition traduit l'ambition du système africain des droits de l'homme : ériger une juridiction non seulement compétente et indépendante, mais aussi inclusive, représentative et légitime, capable d'incarner les idéaux de justice, d'égalité, de solidarité et de diversité au cœur du projet panafricain.

ARTICLE 15 : MANDAT DES JUGES

1. **Les juges à la Cour sont élus pour une période de six ans et sont rééligibles une seule fois. Toutefois, le mandat de quatre juges élus lors de la première élection prend fin au bout de deux ans et le mandat de quatre autres prend fin au bout de quatre ans.**
2. **Les juges dont le mandat prend fin au terme des périodes initiales de deux et quatre ans sont tirés au sort par le Secrétaire Général de l'OUA, immédiatement après la première élection.**
3. **Le juge élu pour remplacer un autre juge dont le mandat n'est pas arrivé à terme achève la portion du mandat de son prédécesseur qui reste à courir.**
4. **Tous les juges, à l'exception du Président, exercent leurs fonctions à temps partiel. Cependant, la Conférence peut modifier cette décision si elle le juge nécessaire.**

Commentaire de l'article 15 – Mandat des juges

L'article 15 du Protocole joue un rôle déterminant dans l'organisation institutionnelle de la Cour africaine. Il fixe la durée du mandat des juges, leurs conditions de rééligibilité, les modalités de renouvellement partiel, ainsi que leur régime d'exercice. Ces éléments, bien qu'apparemment techniques, sont essentiels pour garantir l'indépendance, la continuité, l'efficacité et la légitimité de la juridiction. La stabilité de toute cour internationale dépend en grande partie du statut de ses juges : c'est donc ici que se consolide l'équilibre entre leur autonomie, leur responsabilité et la pérennité de l'institution.

1. La durée du mandat : un équilibre entre stabilité et renouvellement

Le paragraphe 1 prévoit que les juges sont élus pour une durée de six ans, avec la possibilité d'un renouvellement unique. Cette durée est suffisamment longue pour garantir une réelle indépendance judiciaire : les juges disposent d'un temps approprié pour contribuer à la jurisprudence de la Cour sans être soumis à des pressions liées à des mandats trop courts. En même temps, la limitation à un maximum de deux mandats évite la professionnalisation excessive des fonctions judiciaires et prévient la dépendance institutionnelle.

La disposition introduit également une règle spécifique pour la première composition de la Cour :

Le mandat de quatre juges prend fin après deux ans ;

Celui de quatre autres juges prend fin après quatre ans.

Cette mesure vise à instaurer un renouvellement partiel et régulier de la composition de la Cour. Elle permet d'éviter un renouvellement simultané de l'ensemble des juges, ce qui risquerait de créer une rupture dans la continuité institutionnelle et jurisprudentielle. Le mécanisme garantit ainsi une transmission progressive de l'expérience et une stabilité dans l'interprétation et l'application du droit.

2. Le tirage au sort : une méthode neutre de rotation

Le paragraphe 2 précise que les juges dont les mandats prennent fin après deux et quatre ans sont désignés par tirage au sort immédiatement après la première élection. Ce mécanisme vise à assurer l'impartialité et l'équité dans la répartition initiale des mandats.

L'utilisation du tirage au sort est fréquente dans la constitution des juridictions internationales (comme à la Cour pénale internationale ou à la Cour européenne des droits de l'homme). Elle permet de garantir que le renouvellement partiel se fasse sans influence politique ou diplomatique et selon un principe purement aléatoire, renforçant ainsi la confiance des États membres dans l'équité du processus.

3. Remplacement en cas de vacances : continuité institutionnelle

Le paragraphe 3 prévoit que lorsqu'un juge est élu pour remplacer un autre dont le mandat n'est pas arrivé à terme, il achève simplement la portion restante du mandat. Cette règle garantit la continuité de la et évite de créer un déséquilibre dans le calendrier des élections.

Cette disposition répond à deux objectifs principaux :

Préserver l'équilibre temporel instauré par la rotation prévue à l'article 15(1) ;

Maintenir la cohérence jurisprudentielle : un juge remplaçant ne bénéficie pas d'un nouveau mandat complet, ce qui évite les changements brusques dans la composition de la Cour à des moments imprévisibles.

4. Exercice des fonctions : temps partiel et flexibilité institutionnelle

Le paragraphe 4 précise que tous les juges, à l'exception du président, exercent leurs fonctions à temps partiel, sauf décision contraire de la Conférence. Cette disposition présente plusieurs avantages pratiques :

Réalité institutionnelle et financière : à ses débuts, la Cour n'étant pas saisie d'un volume important d'affaires, il n'était pas nécessaire de mobiliser tous les juges à plein temps, ce qui permet de limiter les coûts de fonctionnement.[51]

Souplesse organisationnelle : la Conférence peut décider de transformer ces fonctions en temps plein si l'activité de la Cour le justifie à l'avenir. Cela reflète une approche pragmatique et évolutive de la justice régionale.

Maintien de l'expertise : en exerçant d'autres fonctions juridiques, les juges peuvent continuer à enrichir leur expérience académique ou judiciaire, ce qui bénéficie à la qualité des décisions rendues.

[51] De la prévalence du rôle de la Commission africaine comme organe principal de traitement des communications. https://journals.openedition.org/revdh/2844?lang=en

Toutefois, ce régime peut aussi poser certains défis, notamment en matière de disponibilité des juges et de rapidité des procédures. Il implique une coordination rigoureuse pour assurer que les affaires soient traitées efficacement malgré le caractère partiel de leurs fonctions.

5. Portée institutionnelle de l'article 15

L'article 15 revêt une importance majeure dans la consolidation de l'indépendance et de l'efficacité de la Cour africaine. Plusieurs principes fondamentaux du droit judiciaire international s'y retrouvent :

Stabilité : un mandat de six ans, renouvelable une fois, assure la continuité tout en permettant un renouvellement périodique.

Impartialité : le tirage au sort élimine toute influence politique dans la détermination des mandats initiaux.

Continuité : la règle de succession partielle et la limitation du mandat du remplaçant garantissent une jurisprudence cohérente et stable.

Flexibilité institutionnelle : la possibilité d'adapter le temps de travail des juges permet à la Cour de s'ajuster à l'évolution de sa charge de travail.

Conclusion

L'article 15 constitue un pilier essentiel de l'indépendance et de l'efficacité de la Cour africaine des droits de l'homme et des peuples. En fixant des mandats suffisamment longs, en limitant leur renouvellement, en organisant un système de rotation et en prévoyant un exercice à temps partiel, il concilie des impératifs parfois contradictoires : indépendance et responsabilité, stabilité et renouvellement, efficacité et souplesse.

Ces dispositions reflètent la volonté des États africains de construire une juridiction pérenne, capable d'assurer une protection continue des droits de l'homme tout en s'adaptant aux réalités institutionnelles du continent. Par l'équilibre qu'il instaure, l'article 15 contribue directement à renforcer la crédibilité, la cohérence et la légitimité de la Cour sur la scène africaine et internationale.

ARTICLE 16 : SERMENT

Après leur élection, les juges prêtent serment d'exercer leurs fonctions en toute impartialité et loyauté.

Commentaire de l'article 16 – Serment

L'article 16, bien que concis dans sa formulation, revêt une importance symbolique, juridique et éthique considérable. Il dispose qu'« après leur élection, les juges prêtent serment d'exercer leurs fonctions en toute impartialité et loyauté ». Par cette exigence, le Protocole consacre une étape solennelle du processus d'installation des juges à la Cour africaine des droits de l'homme et des peuples. Le serment constitue, non seulement, un acte formel préalable à l'exercice des fonctions, mais aussi un engagement juridique et moral qui fonde la légitimité et la crédibilité de l'institution judiciaire.

1. Le serment : un acte solennel d'engagement

Le serment est une pratique universellement reconnue dans les juridictions nationales et internationales. Il marque la transition entre la désignation d'un juge et l'exercice effectif de ses fonctions. Cet acte n'est pas purement symbolique : il a une valeur juridique et éthique forte[52].

En prêtant serment, les juges s'engagent publiquement à respecter les principes fondamentaux qui régissent leur mission. Cela signifie qu'ils reconnaissent et acceptent les obligations qui découlent de leur charge, notamment en matière d'indépendance, d'intégrité, d'impartialité et de

---

[52] Huberlant CHARLES, « La formule du serment en justice et la liberté religieuse », *Annales de droit de Louvain*, 1968, p. 141 et suivantes. Cette étude historique examine les dimensions religieuses du serment judiciaire et son évolution.

respect du droit. Cet engagement solennel contribue à renforcer la confiance des justiciables, des États parties et de l'opinion publique dans la Cour.

Dans les juridictions internationales (par exemple à la CIJ, à la CEDH ou à la CPI), la prestation de serment est également une étape obligatoire avant l'entrée en fonction, soulignant l'importance universelle de ce rituel dans la consécration de l'autorité judiciaire.

2. L'exigence d'impartialité : fondement de la fonction judiciaire

L'article 16 mentionne d'abord que les juges doivent exercer leurs fonctions « en toute impartialité ». Ce principe est l'un des fondements essentiels de la justice internationale et constitue une condition indispensable à la légitimité de toute juridiction.

L'impartialité signifie que le juge doit :

Traiter toutes les parties de manière égale, sans favoritisme ni préjugé ;

Rendre ses décisions sur la base du droit et des faits, sans influence extérieure, politique ou personnelle ;

S'abstenir de toute situation de conflit d'intérêts ou de partialité apparente.

Dans le contexte africain, où certaines affaires peuvent avoir des répercussions politiques importantes, cette exigence est particulièrement cruciale. Elle garantit que la Cour reste un organe indépendant, neutre et crédible, dont les décisions sont fondées uniquement sur la justice et non sur des considérations extérieures.

3. L'exigence de loyauté : une obligation envers la Cour et les idéaux qu'elle incarne

Le serment impose également aux juges d'exercer leurs fonctions « en toute loyauté ». Cette notion, moins technique que celle d'impartialité, n'en est pas moins essentielle. La loyauté s'entend ici comme :

Une fidélité à la mission de la Cour : les juges doivent servir les objectifs de la Charte africaine des droits de l'homme et des peuples et du Protocole, notamment la protection des droits fondamentaux ;

Une obligation d'intégrité et de probité : ils doivent agir avec honnêteté, dignité et respect des valeurs de la justice internationale ;

Une loyauté envers l'institution : cela implique de préserver son autorité, son indépendance et sa réputation.

Cette exigence exclut toute attitude susceptible de compromettre l'image de la Cour ou de saper la confiance des justiciables. Elle impose aux juges un devoir de réserve, de discrétion et de respect des procédures, même après la fin de leur mandat.

4. La portée juridique et éthique du serment

Bien qu'il soit avant tout symbolique, le serment a également une valeur juridique. Sa violation peut entraîner des conséquences graves, telles que la destitution ou la démission forcée du juge concerné. Elle peut aussi affecter la validité des décisions rendues ou engager la responsabilité de la Cour sur la scène internationale[53].

D'un point de vue éthique, la prestation de serment renforce le contrat de confiance entre la Cour et les États membres, mais aussi entre la juridiction et les justiciables. Elle consacre l'idée que la fonction judiciaire n'est pas un privilège, mais une mission exigeant rigueur, intégrité et dévouement au service du droit.

5. Le serment comme garantie de légitimité institutionnelle

Au-delà de son rôle individuel, le serment contribue à la légitimité collective de la Cour. Il rappelle que la justice internationale repose

---

[53] Les cours internationales ou régionales, comme la Cour africaine des droits de l'homme et des peuples (ACHPR), jouissent d'une immunité juridictionnelle absolue qui exclut toute responsabilité civile ou pénale directe pour leurs décisions, même erronées ou liées à une violation du serment des juges. La « responsabilité de la Cour sur la scène internationale » désigne ainsi une accountability institutionnelle et politique : mécanismes internes de contrôle, révision d'arrêts, sanctions disciplinaires contre les juges, ou pression des États membres via l'Union africaine pour réformer son fonctionnement en cas de dysfonctionnements graves.

autant sur des procédures juridiques que sur des principes éthiques. Dans un contexte où la crédibilité des institutions régionales dépend de la confiance qu'elles inspirent, cet engagement public est une condition essentielle de leur autorité.

Il s'agit également d'un moyen pour l'Union africaine d'affirmer les valeurs fondatrices de son système de protection des droits humains : indépendance, impartialité, transparence et responsabilité. En ce sens, le serment devient une clé de voûte de l'éthique judiciaire africaine.

Conclusion

L'article 16, bien que bref, joue un rôle fondamental dans l'architecture institutionnelle de la Cour africaine des droits de l'homme et des peuples. En exigeant des juges qu'ils prêtent serment d'exercer leurs fonctions « en toute impartialité et loyauté », il consacre les valeurs essentielles sur lesquelles repose l'exercice de la justice : indépendance, intégrité, neutralité et dévouement au droit.

Cet engagement solennel dépasse le simple formalisme : il constitue un acte fondateur qui confère aux juges leur légitimité morale et juridique, et qui assure à la Cour son autorité, sa crédibilité et la confiance indispensable à l'accomplissement de sa mission de protection des droits fondamentaux sur le continent africain.

ARTICLE 17 : INDÉPENDANCE DES JUGES

1. L'indépendance des juges est pleinement assurée conformément au Droit International.

2. Les juges ne peuvent siéger dans une affaire dans laquelle ils sont antérieurement intervenus comme agents, conseils, ou avocats de l'une des parties, membre d'un tribunal national ou international, d'une commission d'enquête, ou à tout autre titre. En cas de doute sur la réalité de cette intervention, la Cour tranche.

3. Dès leur élection et pendant toute la durée de leur mandat, les juges à la Cour jouissent des privilèges et immunités reconnus en Droit International au personnel diplomatique.

4. Les juges à la Cour ne peuvent, à aucun moment, même après l'expiration de leur mandat, être poursuivis en raison des votes ou des opinions émis dans l'exercice de leurs fonctions.

Commentaire de l'article 17 – Indépendance des juges

L'article 17 du Protocole constitue l'un des piliers fondamentaux de l'architecture institutionnelle de la Cour africaine des droits de l'homme et des peuples. Il consacre le principe d'indépendance des juges, indispensable à toute juridiction, et énonce plusieurs garanties essentielles destinées à préserver cette indépendance dans l'exercice de leurs fonctions[54]. La confiance dans la justice repose en effet sur

[54] Fabienne QUILLERE-MAJZOUB, « L'option juridictionnelle de la protection des droits de l'Homme en Afrique. Etude comparée autour de la création de la cour

l'assurance que les juges rendent leurs décisions librement, sans influence extérieure, sans conflit d'intérêts et sans crainte de représailles.

1. L'indépendance judiciaire : un principe cardinal du droit international

Le paragraphe 1 affirme que « l'indépendance des juges est pleinement assurée conformément au droit international ». Cette disposition place la Cour dans la continuité des standards universellement reconnus en matière de justice internationale[55], tels qu'ils sont consacrés notamment par les Principes de base relatifs à l'indépendance de la magistrature adoptés par les Nations unies en 1985, ou encore par la jurisprudence de la CIJ et de la CEDH[56].

L'indépendance signifie ici que les juges :

Ne doivent subir aucune influence extérieure, qu'elle soit politique, diplomatique, économique ou médiatique ;

Doivent exercer leurs fonctions en toute autonomie intellectuelle et décisionnelle ;

Ne peuvent recevoir d'instructions d'aucune autorité, y compris de leur État d'origine.

Cette indépendance est double :

---

africaine des droits de l'Homme et des peuples », in *Revue Trimestrielle des droits de l'Homme*, n°44, 2000, pp. 729-785.

[55] Ahmed Iyame SOW, « Les juges de la Cour africaine des droits de l'Homme et des peuples », in *Revue Juridique et Politique. Indépendance et coopération*, n°1, 2001, pp. 38-54.

[56] La Cour internationale de Justice (CIJ), dans son arrêt du 27 juin 1986 dans l'affaire Military and Paramilitary Activities in and against Nicaragua (Nicaragua c. États-Unis d'Amérique), a souligné l'importance de l'indépendance et de l'impartialité des juges comme fondement du droit international. De même, la Cour européenne des droits de l'homme (CEDH), dans l'arrêt Selmouni c. France du 28 juillet 1999, a réaffirmé que « le juge doit être impartial, non seulement en fait, mais aussi en apparence ». Ces jurisprudences internationales renforcent la valeur éthique du serment, qui est l'acte par lequel le magistrat s'engage solennellement à respecter ces principes fondamentaux.

Institutionnelle, car elle implique que la Cour elle-même soit protégée contre les pressions extérieures ;

Personnelle, car elle garantit que chaque juge puisse exercer librement son rôle sans crainte de représailles ou d'ingérence.

2. L'interdiction des conflits d'intérêts : assurer l'impartialité des juges

Le paragraphe 2 interdit aux juges de siéger dans une affaire dans laquelle ils ont joué un rôle antérieur « comme agent, conseil, ou avocat de l'une des parties, membre d'un tribunal national ou international, d'une commission d'enquête, ou à tout autre titre ».

Cette disposition consacre un principe fondamental : l'impartialité subjective et objective des juges. Elle vise à :

Prévenir les conflits d'intérêts susceptibles de compromettre l'intégrité des décisions judiciaires ;

Renforcer la confiance des parties et de l'opinion publique dans l'impartialité de la Cour ;

Garantir l'égalité des armes, en évitant qu'un juge ait un préjugé ou une connaissance préalable qui pourrait influencer son jugement.

L'article prévoit également qu'en cas de doute sur la réalité de l'intervention antérieure, « la Cour tranche ». Ce mécanisme interne de régulation renforce la crédibilité de la juridiction, car il permet de résoudre toute contestation sur l'impartialité d'un juge tout en évitant les ingérences extérieures dans le fonctionnement de la Cour.

3. Privilèges et immunités : protéger l'indépendance fonctionnelle

Le paragraphe 3 prévoit que les juges, « dès leur élection et pendant toute la durée de leur mandat, jouissent des privilèges et immunités reconnus en droit international au personnel diplomatique ». Cette disposition transpose au niveau judiciaire un régime classique du droit international, fondé notamment sur la Convention de Vienne sur les relations diplomatiques (1961)[57].

Ces privilèges et immunités visent à garantir :

La liberté d'action : les juges ne doivent pas être inquiétés ou entravés dans l'exercice de leurs fonctions.

La protection contre les pressions : ils ne peuvent être arrêtés, détenus ou poursuivis pour des actes liés à leurs fonctions.

L'indépendance vis-à-vis des autorités nationales : les États ne peuvent interférer dans leur mission judiciaire par des mesures coercitives.

Ces protections ne constituent pas des privilèges personnels mais des garanties fonctionnelles, c'est-à-dire qu'elles existent pour permettre aux juges d'exercer leur mandat dans des conditions optimales d'indépendance et de sécurité.

4. L'irresponsabilité des juges : garantir la liberté d'expression judiciaire

Le paragraphe 4 renforce encore cette protection en disposant que « les juges ne peuvent, à aucun moment, même après l'expiration de leur mandat, être poursuivis en raison des votes ou des opinions émis dans l'exercice de leurs fonctions ». Cette disposition consacre le principe d'irresponsabilité judiciaire, largement reconnu dans les systèmes juridiques nationaux et internationaux.

Ce principe remplit plusieurs fonctions :

Assurer la liberté d'opinion : les juges doivent pouvoir exprimer leurs convictions juridiques sans crainte de sanctions.

---

[57] CIJ, *Allemagne c. Italie* (2012) : confirme la reconnaissance par le droit international de l'immunité des États et, par extension, de leurs agents, contre toute action judiciaire dans un autre État pour des actes effectués dans l'exercice officiel de leurs fonctions. La CIJ précise qu'il s'agit d'une règle coutumière profondément ancrée.

Préserver l'indépendance intellectuelle : ils ne peuvent être tenus responsables de leurs décisions, même si celles-ci sont controversées ou impopulaires.

Protéger la stabilité institutionnelle : cette immunité empêche les changements de majorité politique ou les pressions diplomatiques d'être utilisés pour remettre en cause a posteriori les décisions de la Cour.

L'irresponsabilité subsiste même après la fin du mandat, ce qui garantit une protection permanente et contribue à l'indépendance de la fonction judiciaire sur le long terme.

5. Portée institutionnelle et juridique de l'article 17

L'article 17 constitue l'une des pierres angulaires du fonctionnement de la Cour africaine. Il consacre un ensemble complet de garanties destinées à protéger l'indépendance des juges :

Une indépendance conforme aux standards internationaux (par. 1) ;

L'exclusion stricte de tout conflit d'intérêts (par. 2) ;

L'octroi de privilèges et immunités diplomatiques (par. 3) ;

et l'irresponsabilité pour les opinions et votes exprimés (par. 4).

Ces garanties reflètent une conviction fondamentale : sans indépendance, il ne peut y avoir de justice crédible, ni de protection effective des droits de l'homme. La légitimité de la Cour africaine dépend directement de la confiance que les justiciables et les États accordent à son impartialité et à son autonomie.

Conclusion

L'article 17 joue un rôle central dans la consolidation de l'autorité, de l'intégrité et de la crédibilité de la Cour africaine des droits de l'homme et des peuples. En érigeant l'indépendance des juges en principe fondamental, en prévenant les conflits d'intérêts, en leur accordant des immunités diplomatiques et en les protégeant contre toute poursuite pour leurs opinions, il garantit que la justice soit rendue librement, équitablement et sans pression extérieure.

Par cette disposition, le Protocole affirme que la protection des droits fondamentaux en Afrique repose, non seulement, sur des textes juridiques solides, mais aussi sur des juges indépendants, impartiaux et protégés, capables d'agir en toute liberté pour défendre les valeurs de justice, de dignité et de droits humains sur le continent.

ARTICLE 18 : INCOMPATIBILITÉ

Les fonctions de juge à la Cour sont incompatibles avec toutes autres activités de nature à porter atteinte aux exigences d'indépendance ou d'impartialité liées à la fonction et telles que stipulées dans le Règlement Intérieur.

Commentaire de l'article 18 – Incompatibilité

L'article 18 du Protocole, bien que rédigé en une seule phrase, occupe une place essentielle dans le dispositif relatif au statut des juges de la Cour africaine. En disposant « les fonctions de juge à la Cour sont incompatibles avec toutes autres activités de nature à porter atteinte aux exigences d'indépendance ou d'impartialité liées à la fonction et telles que stipulées dans le Règlement intérieur », il consacre l'un des principes fondamentaux du droit judiciaire international : la neutralité absolue du juge. Cette disposition vient compléter les garanties prévues à l'article 17 sur l'indépendance des juges, en établissant un ensemble de règles de conduite destinées à préserver la crédibilité, l'intégrité et la légitimité de la Cour.

1. Le principe d'incompatibilité : une garantie essentielle d'indépendance et d'impartialité

Le principe d'incompatibilité vise à empêcher qu'un juge, dans l'exercice de ses fonctions, soit influencé ou perçu comme influencé par des intérêts personnels, professionnels ou politiques. La justice internationale repose sur l'idée que les juges doivent se consacrer entièrement à leur mission, libre de tout conflit d'intérêts, de toute pression extérieure ou de toute influence susceptible de compromettre leur neutralité.

Ainsi, l'article 18 ne se limite pas à une simple règle déontologique : il constitue une condition substantielle d'exercice de la fonction judiciaire. Un juge qui cumulerait ses fonctions avec une activité susceptible de nuire à son impartialité mettrait en péril, non seulement, sa crédibilité personnelle, mais aussi celle de l'ensemble de la Cour.

2. L'indépendance du juge : protéger la fonction contre toute influence extérieure

L'indépendance est l'un des principes cardinaux de la justice, comme le rappellent les Principes de base relatifs à l'indépendance de la magistrature adoptés par les Nations unies (1985).[58] Elle implique que les juges doivent exercer leurs fonctions sans être soumis à des pressions ou à des intérêts extérieurs, qu'ils soient d'ordre politique, économique, professionnel ou social.

L'article 18 vise donc à empêcher les juges d'exercer des activités susceptibles de créer une dépendance ou une loyauté partagée, telles que :

des fonctions politiques (membre d'un Gouvernement, d'un parlement, d'un parti politique, etc.) ;

des fonctions exécutives ou administratives dans une organisation internationale ;

des postes de direction dans des entreprises privées ou des institutions financières susceptibles d'être impliquées dans des affaires devant la Cour.

Ces interdictions visent à garantir que les juges puissent statuer, en toute indépendance, sans craindre d'affecter leurs intérêts personnels ou professionnels.

[58] CIJL Bulletin sur l'indépendance judiciaire (nombreux cas référencés et analyse comparative) : https://www.icj.org/wp-content/uploads/2013/10/CIJL-Bulletin-2526-1990-fra.pdf

3. L'impartialité : protéger la confiance en la justice

Si l'indépendance renvoie à l'absence d'influence extérieure, l'impartialité implique que le juge ne soit pas prédisposé, consciemment ou inconsciemment, en faveur ou contre l'une des parties. Elle comporte deux dimensions :

Impartialité subjective : l'absence de parti pris de la part du juge ;

Impartialité objective : l'absence d'éléments qui pourraient faire naître, dans l'esprit d'un observateur raisonnable, un doute légitime sur la neutralité du juge[59].

Le principe d'incompatibilité protège cette impartialité objective en empêchant toute situation où la fonction du juge pourrait être perçue comme biaisée. Par exemple, un juge exerçant simultanément comme avocat ou consultant pour une organisation pourrait donner l'impression de ne pas être totalement neutre dans une affaire impliquant cette organisation.

4. Le rôle du Règlement intérieur : préciser et adapter la règle

L'article 18 renvoie expressément au Règlement intérieur de la Cour pour la définition des activités incompatibles. Ce renvoi est significatif pour deux raisons :

Il confère à la Cour une marge d'interprétation et d'adaptation lui permettant d'actualiser la liste des incompatibilités en fonction de l'évolution des réalités sociales, économiques et juridiques.

Il permet de préciser concrètement les comportements interdits, allant au-delà du principe général posé par le Protocole.

Cette souplesse est essentielle, car elle permet à la Cour de s'adapter aux nouvelles formes d'influence ou de conflits d'intérêts qui peuvent apparaître avec le temps.

5. Portée juridique et institutionnelle de l'article 18

---

[59] Voir le commentaire des principes de Bangalore sur la déontologie judiciaire notamment sur la deuxième valeur « impartialité », Office des Nations Unies contre la drogue et le Crime, 2013, p. 49.

L'article 18 revêt une portée stratégique pour l'autorité et la légitimité de la Cour africaine :

Il constitue une garantie fondamentale de l'indépendance et de l'impartialité de la juridiction ;

Il protège la confiance des justiciables et des États membres dans la neutralité des juges.

Il renforce la crédibilité internationale de la Cour, en l'alignant sur les standards des juridictions internationales telles que la CIJ, la CEDH ou la CPI, qui ont toutes adopté des règles strictes en matière d'incompatibilités.[60]

Enfin, cette disposition constitue aussi un outil préventif : en définissant clairement les comportements incompatibles, elle permet d'éviter des situations de récusation, de démission forcée ou d'atteinte à l'autorité des décisions rendues.

Conclusion

L'article 18 du Protocole, bien que formulé de manière concise, a une portée juridique considérable. En interdisant aux juges d'exercer toute activité susceptible de compromettre leur indépendance ou leur impartialité, il consolide la base éthique et institutionnelle de la Cour africaine des droits de l'homme et des peuples.

Cette disposition incarne l'idée selon laquelle la justice ne doit pas seulement être rendue, mais elle doit aussi paraître impartiale. Elle constitue ainsi une garantie essentielle de la confiance des justiciables, de la crédibilité de la Cour et de l'autorité de ses décisions. En renvoyant au Règlement intérieur pour la détermination précise des activités de nature à porter atteinte aux exigences d'indépendance et

---

[60] Ces règles sont reconnues comme des standards internationaux de bonne gouvernance judiciaire, régulièrement rappelés dans les Principes de Bangalore sur la déontologie judiciaire et dans les recueils de déontologie nationaux et internationaux. L'objectif est d'assurer un niveau de confiance équivalent d'une juridiction à l'autre et d'assurer la comparabilité des systèmes judiciaires mondiaux. https://www.icj.org/wp-content/uploads/2016/12/Morocco-Code-of-Ethics-Advocacy-Analysis-Brief-2016-FRE.pdf

d'impartialité, l'article 18 offre également à la Cour une flexibilité nécessaire pour faire face aux défis contemporains liés à l'exercice de la fonction judiciaire dans un contexte international complexe.

ARTICLE 19 : FIN DU MANDAT DU JUGE

1. Un juge ne peut être suspendu ou relevé de ses fonctions que si, de l'avis unanime des autres juges à la Cour, il a cessé de répondre aux conditions requises.

2. La décision de la Cour est définitive à moins que la Conférence n'en décide autrement lors de sa session suivante.

Commentaire de l'article 19 – Fin du mandat du juge

L'article 19 du Protocole constitue une disposition fondamentale pour la gouvernance interne de la Cour africaine. Il encadre les conditions dans lesquelles un juge peut être suspendu ou relevé de ses fonctions, c'est-à-dire privé de son mandat avant son terme normal. Cet article s'inscrit dans la logique de l'article 17 (indépendance des juges) et de l'article 18 (incompatibilités), en assurant un équilibre délicat entre deux impératifs majeurs : d'une part, la protection de l'indépendance des juges, et d'autre part, la nécessité d'assurer leur responsabilité en cas de manquement grave à leurs obligations.

1. Un principe fondamental : la stabilité et l'indépendance du mandat judiciaire

Le paragraphe 1 pose le principe selon lequel un juge ne peut être suspendu ou relevé de ses fonctions que dans des circonstances exceptionnelles, à savoir lorsqu'il cesse de remplir les conditions requises pour exercer son mandat. Cette formulation reflète une exigence essentielle du droit international : la sécurité de la fonction judiciaire.

La stabilité du mandat est en effet un élément indispensable de l'indépendance de la magistrature. Si un juge pouvait être facilement révoqué par des acteurs politiques ou par une instance externe, cela compromettrait sa liberté de jugement et sa capacité à rendre des décisions impartiales. En posant des conditions strictes à la fin anticipée du mandat, l'article 19 protège la fonction judiciaire contre toute forme d'ingérence ou de représailles politiques.

La notion de « conditions requises » renvoie principalement :

aux critères d'éligibilité énoncés à l'article 11 (autorité morale, compétence, expérience juridique) ;

aux exigences d'indépendance et d'impartialité prévues aux articles 17 et 18 ;

aux obligations déontologiques inhérentes à la fonction (respect du serment, probité, neutralité, etc.).

Ainsi, la cessation d'aptitude peut résulter, par exemple, d'un comportement contraire à l'éthique judiciaire, d'un conflit d'intérêts avéré, d'une infraction grave ou d'une incapacité physique ou mentale empêchant l'exercice des fonctions.

2. La décision des pairs : une garantie d'impartialité et d'indépendance

L'article 19 prévoit que la décision de suspension ou de révocation ne peut être prise qu'après avis unanime des autres juges de la Cour. Ce mécanisme présente une importance majeure pour l'équilibre institutionnel :

Protection contre les pressions politiques : en confiant cette décision à l'organe judiciaire lui-même, le texte empêche toute ingérence des États ou de la Conférence dans une question qui pourrait être utilisée à des fins politiques.

Garantie d'objectivité : les juges, mieux placés pour apprécier les exigences de la fonction et les manquements éventuels, sont les seuls à pouvoir juger l'un de leurs pairs sur ces critères.

Renforcement de la collégialité : l'exigence d'unanimité reflète la gravité de la mesure et garantit qu'elle ne sera appliquée qu'en cas de manquement manifeste et incontestable.

Ce système d'auto-régulation judiciaire est largement inspiré des pratiques d'autres juridictions internationales, telles que la CIJ) ou la CPI, où les pairs jouent également un rôle central dans l'évaluation de la conduite de leurs membres.

3. La révision par la Conférence : un contrepoids institutionnel

Le paragraphe 2 prévoit que la décision prise par la Cour est définitive, « à moins que la Conférence n'en décide autrement lors de sa session suivante ». Ce pouvoir conféré à la Conférence des chefs d'État et de Gouvernement agit comme un contrepoids institutionnel visant à éviter les dérives potentielles de l'autorégulation.

Ce mécanisme présente plusieurs avantages :

Contrôle démocratique : il garantit que la Cour n'abuse pas de son pouvoir de sanction interne et que les droits fondamentaux des juges sont respectés.

Équilibre des pouvoirs : il rappelle que, bien que la Cour soit indépendante, elle demeure un organe d'une organisation interétatique (l'Union africaine), dont les États membres sont les garants ultimes de son fonctionnement.

Voie de recours ultime : la possibilité pour la Conférence d'annuler ou de modifier la décision de la Cour offre une forme de révision politique et institutionnelle, en cas d'erreur ou d'abus.

Toutefois, ce contrepoids doit être utilisé avec prudence pour ne pas compromettre l'indépendance judiciaire. Une intervention abusive de la Conférence pourrait, en effet, affaiblir la crédibilité de la Cour et la confiance des justiciables.

4. Portée et signification institutionnelle de l'article 19

L'article 19 consacre une conception équilibrée du statut des juges : ils sont protégés contre toute révocation arbitraire, mais ils demeurent responsables de leurs actes. Cet équilibre entre indépendance et responsabilité est un principe fondamental du droit international de la justice, reconnu par toutes les grandes juridictions internationales.

Cette disposition contribue à :

Renforcer la crédibilité de la Cour en assurant que ses membres respectent en permanence les standards d'intégrité, d'impartialité et de compétence ;

Préserver la confiance des justiciables en garantissant que les juges qui ne répondent plus aux exigences de leur charge peuvent être écartés ;

Maintenir l'indépendance judiciaire en empêchant toute ingérence politique dans la destitution des juges.

Conclusion

L'article 19 occupe une place essentielle dans l'architecture institutionnelle de la Cour africaine des droits de l'homme et des peuples. En fixant des conditions strictes pour la suspension ou la révocation d'un juge, en confiant cette décision à l'unanimité des pairs, et en prévoyant un contrôle résiduel par la Conférence, il établit un système équilibré qui protège à la fois l'indépendance judiciaire et l'exigence de responsabilité.

Cette disposition illustre l'esprit qui anime le système africain des droits de l'homme : garantir une justice indépendante, crédible et responsable, fondée sur la compétence et l'intégrité de ses juges, tout en maintenant un dialogue institutionnel harmonieux entre la Cour et les États membres.

ARTICLE 20 : VACANCE DE SIÈGE

1. En cas de décès ou de démission d'un juge à la Cour, le Président de la Cour informe immédiatement le Secrétaire Général de l'OUA qui déclare le siège vacant à partir de la date du décès ou de celle à laquelle la démission prend effet.

2. La Conférence procède au remplacement du juge dont le siège est devenu vacant à moins que le mandat restant soit inférieur à cent quatre-vingts (180) jours.

3. La même procédure et les mêmes considérations définies aux articles 12, 13 et 14 du présent Protocole sont applicables pour pourvoir aux sièges vacants.

Commentaire de l'article 20 – Vacance de siège

L'article 20 du Protocole traite d'une question cruciale pour le bon fonctionnement d'une juridiction internationale : la vacance d'un siège de juge. Bien que d'apparence technique, cette disposition joue un rôle essentiel dans la continuité institutionnelle de la Cour africaine des droits de l'homme et des peuples. Elle définit les procédures à suivre en cas de décès ou de démission d'un juge et établit les modalités de son remplacement. Ces règles visent à éviter toute interruption dans l'activité juridictionnelle, à préserver l'efficacité de la Cour et à maintenir l'équilibre institutionnel établi par les dispositions relatives à la composition et à l'élection des juges.

1. La déclaration de vacance : un acte administratif nécessaire à la continuité institutionnelle

Le paragraphe 1 prévoit que, « en cas de décès ou de démission d'un juge, le Président de la Cour informe immédiatement le Secrétaire général de l'OUA », lequel déclare le siège vacant à compter de la date du décès ou de la prise d'effet de la démission.

Cette procédure, simple en apparence, répond à plusieurs impératifs :

Assurer la transparence : la déclaration officielle de vacances permet d'informer tous les États membres de la situation.

Déclencher la procédure de remplacement : la notification au Secrétaire général constitue le point de départ du processus de nomination d'un nouveau juge.

Préserver la continuité juridictionnelle : elle garantit que la Cour reste pleinement opérationnelle et capable d'exercer ses fonctions sans interruption prolongée.

Cet aspect administratif revêt une importance pratique considérable : dans une juridiction internationale, l'absence prolongée d'un juge peut retarder le traitement des affaires, compromettre la collégialité des délibérations et affecter la légitimité des décisions.

2. Le remplacement du juge : conditions et limites temporelles

Le paragraphe 2 dispose que la Conférence procède au remplacement du juge dont le siège est devenu vacant, « à moins que le mandat restant soit inférieur à cent quatre-vingt (180) jours ».

Ce seuil de 180 jours (soit environ six mois) obéit à une logique pragmatique :

Assurer l'efficacité institutionnelle : il serait peu pertinent de lancer une procédure de sélection et d'élection longue et complexe pour une durée de mandat trop courte.

Préserver la stabilité de la Cour : cela évite un renouvellement inutile qui pourrait perturber l'équilibre interne de la juridiction.

Optimiser les ressources : les procédures de nomination impliquent un investissement politique, diplomatique et administratif important. Limiter leur recours aux cas nécessaires permet d'économiser ces ressources.

En revanche, lorsque le mandat restant est supérieur à 180 jours, le remplacement est obligatoire, afin de garantir que la Cour dispose en permanence du nombre de juges requis pour fonctionner efficacement et rendre ses décisions dans les conditions prévues par le Protocole.

3. Procédure de remplacement : application des articles 12, 13 et 14

Le paragraphe 3 précise que « la même procédure et les mêmes considérations définies aux articles 12, 13 et 14 sont applicables pour pourvoir aux sièges vacants ». Cela signifie que la procédure de remplacement suit exactement les mêmes règles que pour l'élection initiale du juge qui occupait le siège devenu vacant :

Présentation des candidatures (article 12) : chaque État partie peut proposer jusqu'à trois candidats, en respectant les critères de compétence, d'expérience, d'autorité morale et de parité.

Établissement de la liste (article 13) : le Secrétaire général dresse une liste alphabétique des candidats et la communique aux États membres avant la session de la Conférence.

Élection (article 14) : la Conférence des chefs d'État et de Gouvernement procède à l'élection au scrutin secret, en veillant à la représentativité géographique, à la diversité des systèmes juridiques et à l'équilibre des sexes.

Cette continuité procédurale assure la légitimité et la transparence du remplacement, évitant que celui-ci ne devienne un mécanisme politique arbitraire ou qu'il s'écarte des standards démocratiques applicables à la désignation initiale.

4. Portée institutionnelle et juridique de l'article 20

L'article 20 remplit une fonction essentielle dans le maintien de la stabilité institutionnelle et de la continuité juridictionnelle de la Cour. Sa portée se manifeste à plusieurs niveaux :

Maintien de la capacité juridictionnelle : en prévoyant un remplacement rapide en cas de vacance de siège, il garantit que la Cour peut continuer à fonctionner avec l'effectif complet requis.

Préservation de l'autorité de la Cour : la rapidité et la transparence de la procédure renforcent la confiance des États membres et des justiciables dans la solidité de l'institution.

Respect des principes démocratiques : le recours aux mêmes règles de candidature et d'élection assure que les juges remplaçants bénéficient de la même légitimité que ceux élus initialement.

Enfin, cette disposition prévient tout risque de paralysie institutionnelle ou d'affaiblissement de la Cour dans l'exercice de ses fonctions, même en cas de départ imprévu d'un juge.

Conclusion

L'article 20 du Protocole, bien que technique, constitue un élément clé de la gouvernance de la Cour africaine des droits de l'homme et des peuples. En fixant des règles claires pour la déclaration de vacance, en précisant les conditions de remplacement et en renvoyant aux procédures d'élection déjà établies, il assure la continuité, la stabilité et la légitimité de l'institution.

Cette disposition reflète la maturité institutionnelle du système africain de protection des droits humains : elle anticipe les éventualités liées à la fonction judiciaire et prévoit des mécanismes efficaces pour y répondre sans compromettre ni l'indépendance de la Cour, ni la qualité de sa composition, ni la régularité de ses décisions.

ARTICLE 21 : PRÉSIDENCE DE LA COUR

1. **La Cour élit son Président et son Vice-Président pour une période de deux ans renouvelable une seule fois.**
2. **Le Président exerce ses fonctions à plein temps. Il réside au lieu du siège de la Cour.**
3. **Les fonctions du Président ainsi que celles du Vice-Président sont déterminées dans le Règlement Intérieur de la Cour.**

Commentaire de l'article 21 – Présidence de la Cour

L'article 21 du Protocole consacre l'organisation interne de la Cour africaine des droits de l'homme et des peuples en définissant le mode d'élection, la durée du mandat, les conditions d'exercice et les fonctions de ses deux principales autorités : le Président et le Vice-président. Ces dispositions sont essentielles car elles organisent la direction de la juridiction et assurent son bon fonctionnement institutionnel. La présidence joue un rôle stratégique, non seulement dans l'administration quotidienne de la Cour, mais aussi dans la représentation de celle-ci sur la scène régionale et internationale.

1. Élection du Président et du Vice-président : un choix démocratique interne

Le paragraphe 1 prévoit que la Cour élit en son sein son Président et son Vice-président pour un mandat de deux ans, renouvelable une seule fois. Cette règle reflète plusieurs principes fondamentaux de la gouvernance judiciaire internationale :

Principe d'autonomie institutionnelle : l'élection par les pairs, plutôt que par un organe politique externe, garantit l'indépendance de la Cour et de ses organes de direction.

Légitimité interne : l'élection par les juges eux-mêmes assure que le Président et le Vice-président disposent de la confiance de leurs collègues, condition essentielle pour exercer un leadership efficace.

Équilibre entre stabilité et renouvellement : un mandat de deux ans permet une rotation régulière des responsabilités tout en assurant une continuité institutionnelle grâce à la possibilité d'un renouvellement unique.

Cette procédure est conforme aux pratiques d'autres juridictions internationales, telles que la CIJ ou la CEDH, où les présidents sont également élus par leurs pairs pour des mandats limités dans le temps.

2. Le Président : chef de la Cour et garant de son bon fonctionnement

Le paragraphe 2 dispose « le Président exerce ses fonctions à plein temps » et qu'il « réside au lieu du siège de la Cour ». Ces exigences témoignent du rôle central et stratégique que joue le Président au sein de l'institution.

a. Un rôle fonctionnel et administratif

Le Président assume plusieurs responsabilités clés :

Organisation des travaux judiciaires : il convoque et préside les audiences et les délibérations, veille au respect des procédures et assure la coordination entre les juges.

Gestion administrative : il supervise le personnel, la logistique et le budget de la Cour, garantissant ainsi son bon fonctionnement.

Application des décisions : il veille à la mise en œuvre des arrêts et ordonnances, contribuant ainsi à l'autorité et à l'efficacité de la juridiction.

b. Un rôle institutionnel et diplomatique

Le Président représente également la Cour auprès des organes de l'Union africaine, des États membres, des organisations internationales et de la société civile. Il est, en quelque sorte, le porte-parole officiel de l'institution et incarne son autorité morale et juridique sur la scène continentale et internationale.

L'exigence de résidence au siège de la Cour reflète l'importance de cette fonction : elle permet une présence constante pour gérer les affaires, coordonner les activités et répondre rapidement aux besoins administratifs et judiciaires.

3. Le Vice-président : un rôle de soutien et de continuité

Si le texte ne détaille pas précisément les fonctions du Vice-président, il joue un rôle complémentaire et indispensable à celui du Président. Il assure l'intérim en cas d'absence ou d'empêchement de ce dernier et peut être chargé de missions spécifiques, notamment dans l'organisation des sessions ou dans les relations extérieures. Sa présence garantit la continuité institutionnelle et renforce la capacité de la Cour à fonctionner sans interruption.

4. Le Règlement intérieur : précision et flexibilité des fonctions

Aux termes du paragraphe 3 les fonctions du Président et du Vice-président sont « déterminées dans le Règlement intérieur de la Cour ». Ce renvoi témoigne de la volonté de laisser à la Cour une marge d'autonomie normative pour préciser les modalités pratiques d'exercice des responsabilités de ses dirigeants.

Cette flexibilité présente plusieurs avantages :

Elle permet d'adapter l'organisation de la direction aux besoins évolutifs de l'institution.

Elle offre la possibilité de répartir les compétences de manière équilibrée entre Président et Vice-président.

Elle assure une plus grande réactivité face aux défis administratifs, ou judiciaires.

Cette approche dynamique est essentielle pour une juridiction régionale jeune, confrontée à des enjeux changeants liés à son développement, à l'augmentation de sa charge de travail et à l'évolution de son rôle dans le système africain des droits de l'homme.

5. Portée institutionnelle et symbolique de l'article 21

L'article 21 consacre l'importance d'un leadership fort, légitime et indépendant à la tête de la Cour. En définissant les règles d'élection, la durée du mandat, les conditions d'exercice et la répartition des rôles entre Président et Vice-président, ce texte permet d'assurer :

L'efficacité institutionnelle : grâce à une direction claire, la Cour peut fonctionner de manière fluide, coordonnée et réactive.

L'indépendance judiciaire : l'élection interne et l'autonomie de la direction protègent la Cour contre toute influence politique extérieure.

La légitimité et la visibilité internationale : la présidence joue un rôle crucial dans la représentation de la Cour et dans la promotion de ses décisions auprès des États et des organisations internationales.

Conclusion

L'article 21 joue un rôle stratégique dans la gouvernance de la Cour africaine des droits de l'homme et des peuples. En encadrant l'élection, le mandat, les conditions d'exercice et les fonctions du Président et du Vice-président, il garantit une direction efficace, indépendante et légitime de l'institution.

Le Président, en tant que chef de la Cour et représentant de celle-ci, incarne son autorité judiciaire et sa crédibilité politique, tandis que le Vice-président assure la continuité et l'appui nécessaires à son fonctionnement. En renvoyant au Règlement intérieur pour les détails pratiques, le Protocole dote la Cour de la souplesse institutionnelle indispensable à son évolution et à l'accomplissement de sa mission de protection des droits fondamentaux en Afrique.

ARTICLE 22 : RÉCUSATION

Au cas où un juge possède la nationalité d'un Etat partie à une affaire, il se récuse.

Commentaire de l'article 22-Récusation

L'article 22 du Protocole, bien que très bref, consacre un principe fondamental du droit judiciaire international : celui de l'impartialité absolue des juges. Il dispose que « au cas où un juge possède la nationalité d'un État partie à une affaire, il se récuse ». Par cette règle, le texte établit une garantie essentielle de la justice internationale : éviter tout risque de partialité réelle ou apparente et préserver ainsi la confiance des parties dans la neutralité de la Cour africaine des droits de l'homme et des peuples.

1. La récusation : un instrument de protection de l'impartialité

La récusation est une procédure par laquelle un juge se retire volontairement ou est écarté d'une affaire en raison de circonstances pouvant compromettre ou sembler compromettre son impartialité. Dans ce contexte, elle vise à garantir que les décisions judiciaires soient prises sans influence, sans préjugé et sans intérêt personnel.

L'article 22 énonce un cas précis et automatique de récusation : lorsque le juge est ressortissant d'un État partie impliqué dans l'affaire. Cette règle reflète un principe universel de justice selon lequel « nul ne peut être juge dans sa propre cause » (*nemo judex in causa sua*). Elle est largement appliquée dans les juridictions internationales telles que la CIJ, la CEDH ou la CPI.

2. La nationalité du juge : un risque objectif de partialité

Le critère de la nationalité constitue l'une des causes les plus évidentes et les plus objectivement reconnaissables de partialité. Même en l'absence de parti pris subjectif, la simple appartenance nationale d'un juge peut faire naître, chez les parties ou le public, un doute légitime sur son indépendance.

L'exigence de récusation repose sur deux considérations principales :

Prévenir les conflits d'intérêts potentiels : un juge ressortissant d'un État partie peut être influencé, même inconsciemment, par des considérations de loyauté, de patriotisme ou de pression diplomatique.

Protéger l'apparence d'impartialité : la justice ne doit pas seulement être impartiale, elle doit aussi paraître telle. L'exclusion d'un juge dans les affaires qui concernent son pays protège la crédibilité de la Cour et la confiance des parties en son impartialité.

Dans certaines juridictions, cette règle est parfois complétée par des dispositions autorisant les parties à nommer un juge ad hoc pour rétablir l'équilibre des représentations, mais le Protocole ne prévoit pas explicitement cette possibilité.

3. La récusation automatique : un mécanisme de prévention

Contrairement à d'autres formes de récusation qui peuvent nécessiter une demande des parties ou une décision collégiale, la récusation prévue à l'article 22 est automatique : le juge concerné doit se retirer de lui-même de l'affaire, dès lors que sa nationalité coïncide avec celle d'un État partie.

Ce caractère automatique présente plusieurs avantages :

Simplicité procédurale : il évite des débats sur l'opportunité ou la nécessité de la récusation.

Prévention des tensions diplomatiques : il dispense les parties de demander formellement la récusation, ce qui pourrait être interprété comme une remise en cause de l'intégrité du juge.

Renforcement de la confiance : les justiciables ont ainsi la certitude que l'examen de leur affaire sera exempt de tout soupçon de favoritisme national.

4. Portée juridique et institutionnelle de la règle de récusation

La règle énoncée à l'article 22 revêt une importance stratégique pour la légitimité et l'autorité de la Cour africaine. Elle garantit que :

L'égalité des parties est respectée : aucun État ne peut bénéficier de l'influence indirecte d'un juge qui est son ressortissant au sein de la formation de jugement.

La crédibilité des décisions est assurée : les arrêts rendus par une formation exempte de tout soupçon de partialité sont plus facilement acceptés et exécutés par les États concernés.

L'indépendance de la Cour est consolidée : cette règle protège l'institution contre toute instrumentalisation nationale ou politique.

En outre, elle s'inscrit dans un ensemble cohérent de garanties prévues par le Protocole (articles 17 et 18 notamment), qui visent toutes à préserver l'indépendance, l'impartialité et la neutralité des juges.

Conclusion

L'article 22, bien que formulé en une seule phrase, constitue une garantie essentielle du bon fonctionnement et de la crédibilité de la Cour africaine des droits de l'homme et des peuples. En imposant la récusation automatique d'un juge ressortissant d'un État partie à une affaire, il consacre le principe fondamental d'impartialité et préserve l'égalité des armes entre les parties.

Cette disposition illustre l'importance accordée par le système africain à l'apparence et à la réalité de la justice. Elle rappelle que l'autorité d'une juridiction internationale repose autant sur la qualité de ses décisions que sur la perception de son impartialité. En ce sens, l'article 22 participe pleinement à la construction d'une justice africaine indépendante, crédible et respectée, capable d'inspirer confiance aux États et aux justiciables.

ARTICLE 23 : QUORUM

Pour l'examen de chaque affaire portée devant elle, la Cour siège avec un quorum d'au moins sept juges.

Commentaire de l'article 23 - Quorum

L'article 23 du Protocole, en disposant « pour l'examen de chaque affaire portée devant elle, la Cour siège avec un quorum d'au moins sept juges », traite d'un aspect essentiel du fonctionnement juridictionnel : la composition minimale de la formation de jugement. Bien qu'il s'agisse d'une disposition technique, elle joue un rôle fondamental dans la garantie de la légalité des procédures, de la collégialité des décisions et de la légitimité institutionnelle de la Cour africaine des droits de l'homme et des peuples.

1. La notion de quorum : une exigence de validité procédurale

Le quorum désigne le nombre minimum de juges nécessaires pour que la Cour puisse valablement délibérer et statuer sur une affaire. En fixant ce seuil à sept juges, l'article 23 établit une condition de régularité procédurale sans laquelle les décisions rendues seraient juridiquement invalides.

Ce principe est largement reconnu dans le fonctionnement des juridictions internationales et nationales. Il vise à garantir que les décisions ne soient pas prises par un nombre insuffisant de magistrats, ce qui pourrait affaiblir leur autorité, leur qualité juridique et leur légitimité.

Le quorum ne se limite donc pas à une simple formalité : il constitue une garantie institutionnelle de la justice rendue par la Cour. Il reflète l'idée que les décisions judiciaires, surtout en matière de droits de l'homme, doivent être le fruit d'un jugement collégial et représentatif, et non d'un petit nombre de magistrats.

2. La collégialité : une garantie d'indépendance, de qualité et d'impartialité

En exigeant la participation d'au moins sept juges, l'article 23 renforce le principe de collégialité, essentiel à la justice internationale. La collégialité présente plusieurs fonctions majeures :

Renforcer l'impartialité : les décisions rendues collectivement sont moins susceptibles d'être influencées par les opinions personnelles d'un juge ou par des considérations subjectives.

Améliorer la qualité juridique des décisions : la diversité des points de vue et des expériences permet une analyse plus complète et nuancée des affaires.

Assurer l'indépendance de la Cour : un arrêt adopté par un groupe significatif de juges reflète davantage la volonté de l'institution dans son ensemble que celle d'individus isolés.

Le choix d'un quorum fixé à sept juges (sur les onze que compte la Cour, selon l'article 11) traduit un équilibre recherché entre efficacité et collégialité : ce nombre permet à la Cour de fonctionner même en cas d'absence ou d'empêchement de certains juges, tout en maintenant un niveau suffisant de représentation institutionnelle.

3. La légitimité des décisions : une exigence de crédibilité internationale

La question du quorum est directement liée à la légitimité des décisions rendues par la Cour. Une décision adoptée par un nombre réduit de juges pourrait être perçue comme reflétant une vision partielle ou déséquilibrée, compromettant ainsi son autorité auprès des États membres et de la communauté internationale.

En imposant un seuil élevé (sept juges, soit la majorité absolue de la Cour), l'article 23 renforce la force juridique et symbolique des arrêts. Ceux-ci apparaissent alors comme le résultat d'un processus délibératif approfondi, représentatif de la diversité des sensibilités juridiques et régionales qui composent la Cour africaine.

Ce choix s'aligne d'ailleurs sur les pratiques d'autres juridictions internationales. Par exemple, la CIJ exige la participation d'au moins neuf juges pour délibérer, tandis que la CEDH siège généralement en formation de sept juges dans sa chambre ordinaire.

4. Portée institutionnelle et effets pratiques du quorum

La règle du quorum, bien qu'apparemment technique, a des effets pratiques et institutionnels significatifs :

Elle protège les droits des parties : en assurant que leurs affaires soient examinées par un nombre suffisant de juges, elle garantit un procès équitable.

Elle renforce la confiance dans la Cour : les États membres et les justiciables sont plus enclins à respecter et exécuter les décisions rendues par une formation représentative.

Elle prévient les contestations procédurales : l'absence de quorum pourrait être invoquée comme cause de nullité d'une décision, ce qui compromettrait la sécurité juridique.

Toutefois, cette exigence peut aussi présenter des défis pratiques, notamment en cas de vacance de sièges ou d'empêchement de plusieurs juges simultanément. Il appartient, donc, à la Cour de veiller à ce que sa composition soit toujours suffisante pour atteindre le quorum requis.

Conclusion

L'article 23, en fixant un quorum de sept juges, établit une règle fondamentale pour le fonctionnement régulier, la légitimité et l'autorité de la Cour africaine des droits de l'homme et des peuples. Cette exigence assure que les décisions soient le résultat d'un jugement collégial, renforçant leur impartialité, leur qualité juridique et leur acceptation par les parties.

Ainsi, loin d'être une simple disposition procédurale, l'article 23 traduit une philosophie de justice fondée sur la représentation collective, l'indépendance institutionnelle et la crédibilité internationale. Il constitue une garantie essentielle de l'État de droit au niveau continental et contribue directement à la mission fondamentale de la Cour : assurer la protection des droits humains en Afrique de manière juste, équilibrée et légitime.

ARTICLE 24 : GREFFE DE LA COUR

1. La Cour désigne son Greffier et les autres fonctionnaires du Greffe parmi les ressortissants des Etats membres de l'OUA, conformément aux dispositions de son Règlement Intérieur.

2. Le Greffier réside au lieu du siège de la Cour.

Commentaire de l'article 24-Greffe de la Cour

L'article 24 du Protocole consacre une composante souvent moins visible, mais absolument indispensable au fonctionnement efficace d'une juridiction internationale : le greffe. En définissant les modalités de désignation du Greffier et des personnels du greffe, ainsi que leurs obligations, il établit les bases administratives, organisationnelles et techniques qui permettent à la Cour africaine des droits de l'homme et des peuples de remplir sa mission juridictionnelle. Cet article reflète l'idée que l'efficacité d'une juridiction ne repose pas uniquement sur ses juges, mais également sur la qualité, la compétence et la neutralité de son personnel administratif.

1. Le greffe : un organe administratif central de la Cour

Le greffe constitue l'organe administratif, technique et logistique de toute juridiction internationale. Il joue un rôle de support essentiel dans l'organisation des procédures, la gestion des affaires et la conservation des archives[61]. Bien que les juges soient les principaux acteurs de la

[61] Thierno Amadou NDIOGOU, *ABC des institutions judiciaires au Sénégal*, Harmattan, 2024, p. 157.

fonction juridictionnelle, ils ne peuvent exercer efficacement leur mission sans l'appui d'un greffe structuré, compétent et neutre.

Les missions du greffe sont multiples :

Assistance aux juges : préparation des dossiers, rédaction des documents de procédure, gestion des délibérations et diffusion des décisions.

Gestion administrative : tenue des registres, organisation des audiences, conservation des archives et documents officiels.

Communication institutionnelle : correspondance avec les parties, les États membres, les organisations internationales et le public.

Logistique judiciaire : organisation matérielle des sessions, assistance technique pendant les audiences, traduction et interprétation.

Le greffe constitue, ainsi, le cœur administratif de la Cour, garantissant son efficacité et la continuité de son fonctionnement.

2. Désignation du Greffier et du personnel : compétence interne de la Cour

Le paragraphe 1 prévoit que la Cour désigne son Greffier et les autres fonctionnaires du Greffe parmi les ressortissants des États membres de l'OUA (devenue l'Union africaine), « conformément aux dispositions de son Règlement intérieur ».

Cette disposition présente plusieurs aspects importants :

Autonomie institutionnelle : la Cour détient le pouvoir de désigner son personnel, ce qui renforce son indépendance vis-à-vis des organes politiques de l'Union africaine. Cela empêche toute ingérence externe dans son fonctionnement administratif.

Critère de nationalité : les personnels doivent être ressortissants des États membres, ce qui favorise l'appropriation africaine de l'institution et reflète son caractère continental.

Règlement intérieur comme cadre de référence : la Cour bénéficie d'une flexibilité pour définir, dans son règlement, les conditions de recrutement, les qualifications requises, la procédure de nomination et les obligations déontologiques du Greffier.

La désignation du Greffier par la Cour elle-même s'inscrit dans une logique d'indépendance organique, similaire à celle observée dans d'autres juridictions internationales telles que la CIJ ou la CEDH.

3. Le Greffier : un acteur clé du fonctionnement juridictionnel

Le Greffier n'est pas un simple fonctionnaire administratif : il joue un rôle institutionnel central dans l'organisation de la justice. En pratique, il assume des responsabilités variées, notamment :

Secrétaire général de la Cour : il organise les sessions, conserve les minutes des audiences, publie les arrêts et décisions.

Chef de l'administration judiciaire : il supervise l'ensemble du personnel du greffe, répartit les tâches et veille au bon déroulement des procédures.

Intermédiaire officiel : il sert de liaison entre la Cour et les parties aux affaires, ainsi qu'entre la Cour et les États membres.

Garant de la régularité procédurale : il veille au respect des délais, à la notification correcte des actes et à l'exécution des formalités prévues par le règlement.

Son rôle est donc à la fois administratif, procédural, institutionnel et symbolique. Dans certaines juridictions, comme la CIJ, le Greffier participe également à la rédaction des projets de jugement et assiste aux délibérations (sans voix délibérative), ce qui témoigne de l'importance stratégique de ses fonctions.

4. Résidence au siège de la Cour : une exigence de disponibilité et d'efficacité

Le paragraphe 2 précise que « le Greffier réside au lieu du siège de la Cour ». Cette exigence a une double justification :

Fonctionnelle : la présence permanente du Greffier au siège garantit une disponibilité immédiate pour gérer les affaires quotidiennes, coordonner les activités internes et répondre rapidement aux besoins des juges.

Institutionnelle : elle renforce la stabilité et l'ancrage de la Cour dans son environnement administratif, facilitant les interactions avec les États membres, les organes de l'Union africaine et les autres partenaires internationaux.

Cette obligation reflète également le rôle du Greffier comme point d'ancrage institutionnel de la Cour : il en est la mémoire, le gardien des archives et l'interlocuteur administratif principal.

5. Portée juridique et institutionnelle de l'article 24

L'article 24, bien que technique, a une importance stratégique pour l'efficacité et l'indépendance de la Cour. Il contribue à :

Assurer la continuité du fonctionnement juridictionnel : sans un greffe opérationnel, la Cour ne pourrait pas traiter les affaires de manière régulière et efficace.

Renforcer l'indépendance institutionnelle : la désignation interne du Greffier et du personnel protège la Cour contre les ingérences politiques.

Garantir la qualité des procédures : un greffe compétent et organisé est indispensable à la bonne administration de la justice.

Promouvoir la visibilité et la communication : en tant qu'interface entre la Cour et l'extérieur, le greffe joue un rôle clé dans la diffusion de ses décisions et la compréhension de son action.

Conclusion

L'article 24 consacre une composante essentielle du fonctionnement de la Cour africaine des droits de l'homme et des peuples : le greffe. En définissant les modalités de désignation du Greffier et des fonctionnaires, en précisant leur nationalité et en imposant la résidence au siège, cette disposition assure la continuité, l'efficacité et l'indépendance de l'institution.

Le greffe, souvent considéré comme « l'appareil invisible » de la justice, constitue en réalité l'un de ses piliers. Par son action, il garantit la régularité des procédures, la bonne organisation des travaux judiciaires et la diffusion des décisions. En ce sens, l'article 24 contribue directement à la crédibilité, à la légitimité et à l'efficacité opérationnelle de la Cour, conditions indispensables à la réalisation de sa mission de protection des droits fondamentaux sur le continent africain.

ARTICLE 25 : SIÈGE DE LA COUR

1. Le siège de la Cour est établi dans un Etat partie au Protocole par la Conférence. La Cour peut toutefois siéger sur le territoire de tout Etat membre de l'OUA sur décision de la majorité de ses membres et avec l'agrément préalable de l'Etat concerné.

2. La Conférence peut décider, après avis de la Cour, de changer le siège de celle-ci.

Commentaire de l'article 25 - Siège de la Cour

L'article 25 du Protocole consacre une disposition d'ordre institutionnel mais stratégique : la fixation du siège de la Cour africaine des droits de l'homme et des peuples. Bien que souvent perçu comme un élément purement logistique, le choix du siège revêt en réalité une importance majeure pour l'efficacité, l'indépendance, la visibilité et l'autorité de l'institution judiciaire. Cette disposition encadre également la possibilité pour la Cour de siéger exceptionnellement ailleurs et pour la Conférence de changer son siège, garantissant ainsi à la fois la stabilité institutionnelle et la flexibilité opérationnelle de la juridiction.

1. La fixation du siège : un choix politique, juridique et symbolique

Le paragraphe 1 dispose : « le siège de la Cour est établi dans un État partie au Protocole par la Conférence ». Cette formulation souligne que le choix du siège n'est pas laissé à la discrétion de la Cour elle-même, mais relève d'une décision politique des États membres, par l'intermédiaire de la Conférence des chefs d'État et de Gouvernement de l'Union africaine.

Ce choix revêt plusieurs dimensions :

Dimension politique : il traduit l'appropriation collective de la juridiction par les États membres. Le choix de l'État hôte est souvent le résultat de négociations diplomatiques et reflète un consensus politique sur l'emplacement stratégique de l'institution.

Dimension juridique : le siège confère à la Cour une personnalité juridique effective sur le territoire d'un État hôte, lequel doit lui garantir les privilèges, immunités et facilités nécessaires à son fonctionnement (locaux, sécurité, immunités diplomatiques, etc.).

Dimension symbolique : le lieu du siège incarne la présence physique et institutionnelle de la justice africaine des droits de l'homme. Il devient un centre de rayonnement de la jurisprudence et un symbole de l'engagement du continent envers la protection des droits fondamentaux.

La règle selon laquelle le siège doit être situé dans un État partie au Protocole renforce la logique de souveraineté partagée : seules les nations qui ont accepté les obligations de la Cour peuvent en accueillir l'infrastructure institutionnelle.

2. La flexibilité de siège : une option d'efficacité et d'accessibilité

L'article prévoit également que la Cour « peut toutefois siéger sur le territoire de tout État membre de l'OUA sur décision de la majorité de ses membres et avec l'agrément préalable de l'État concerné ». Cette disposition introduit une flexibilité fonctionnelle importante dans l'organisation de la juridiction.

Cette possibilité de siéger ailleurs que dans son lieu permanent poursuit plusieurs objectifs :

Faciliter l'accès à la justice : en siégeant plus près des parties concernées, la Cour peut rendre ses procédures plus accessibles et moins coûteuses.

Répondre à des nécessités pratiques : en cas de circonstances exceptionnelles (instabilité politique, difficultés logistiques, crises sanitaires ou sécuritaires dans l'État hôte), la Cour peut continuer à exercer ses fonctions ailleurs.

Renforcer la visibilité régionale : des audiences hors siège permettent à la Cour d'accroître sa présence sur le continent et de rapprocher l'institution des populations africaines.

Cette faculté, cependant, n'est pas discrétionnaire : elle suppose une décision majoritaire des juges et l'accord préalable de l'État concerné, garantissant ainsi un équilibre entre l'autonomie de la Cour et le respect de la souveraineté des États.

3. Changement du siège : une prérogative politique encadrée

Le paragraphe 2 prévoit que « la Conférence peut décider, après avis de la Cour, de changer le siège de celle-ci ». Cette disposition reconnaît à la Conférence des chefs d'État et de Gouvernement la compétence exclusive pour décider d'un changement de siège, mais elle impose une consultation préalable de la Cour.

Cette procédure répond à plusieurs impératifs :

Préserver l'indépendance et les intérêts institutionnels : l'avis de la Cour permet de s'assurer que toute décision de changement de siège tient compte des impératifs judiciaires, administratifs et logistiques de l'institution.

Équilibrer pouvoir politique et autonomie judiciaire : la décision finale appartient aux États (représentés par la Conférence), mais elle ne peut être prise sans consultation de l'organe judiciaire concerné.

Assurer la continuité institutionnelle : un changement de siège peut avoir des conséquences importantes (déménagement du personnel, transfert des archives, adaptation des installations), d'où la nécessité d'une planification concertée.

Cette procédure est conforme à la pratique d'autres juridictions internationales, où la décision de changement de siège est toujours encadrée pour éviter les ingérences politiques ou les décisions précipitées.

4. Portée institutionnelle et symbolique de l'article 25

L'article 25 a une portée stratégique pour la stabilité, l'efficacité et la légitimité de la Cour. Il contribue à plusieurs objectifs essentiels :

Institutionnalisation de la juridiction : en fixant un siège permanent, il ancre la Cour dans une réalité géopolitique et juridique concrète.

Préservation de l'indépendance et de l'efficacité : la possibilité de siéger ailleurs garantit que les activités de la Cour ne soient pas paralysées par des circonstances extérieures.

Souplesse institutionnelle : la faculté de changer de siège ou de se déplacer renforce l'adaptabilité de la Cour face à des contextes politiques ou logistiques évolutifs.

Rayonnement et accessibilité : en permettant des sessions délocalisées, l'article contribue à rapprocher la justice continentale des États et des populations.

Conclusion

L'article 25, en apparence technique, revêt en réalité une importance stratégique pour l'identité et le fonctionnement de la Cour africaine des droits de l'homme et des peuples. Il organise, non seulement, le choix du siège de l'institution, mais aussi sa capacité d'adaptation aux circonstances et son interaction avec les États membres.

En combinant stabilité institutionnelle (siège permanent), flexibilité fonctionnelle (possibilité de siéger ailleurs) et équilibre politique (pouvoir de la Conférence après avis de la Cour), cette disposition illustre la philosophie du système africain : une justice continentale à la fois ancrée, autonome et accessible, capable de s'adapter aux réalités africaines tout en affirmant son rôle central dans la protection des droits fondamentaux.

ARTICLE 26 : PREUVES

1. La Cour procède à l'examen contradictoire des requêtes qui lui sont soumises et, s'il y a lieu, à une enquête Les Etats intéressés fournissent toutes les facilités nécessaires à la conduite efficace de l'affaire.

2. La Cour reçoit tous moyens de preuves (écrites ou orales) qu'elle juge appropriées et sur lesquelles elle fonde ses décisions.

Commentaire de l'article 26 – Preuves

L'article 26 du Protocole traite d'un aspect fondamental de toute procédure judiciaire : le régime de la preuve. En définissant les règles relatives à l'examen contradictoire des requêtes, à la conduite d'enquêtes et à l'admissibilité des moyens de preuve, il consacre des principes procéduraux essentiels au fonctionnement de la Cour africaine des droits de l'homme et des peuples. Cette disposition vise à garantir l'équité du procès, l'efficacité de la procédure contentieuse et la fiabilité des décisions rendues.

1. L'examen contradictoire des requêtes : une garantie du procès équitable

Le paragraphe 1 énonce que « la Cour procède à l'examen contradictoire des requêtes qui lui sont soumises ». Cette disposition consacre l'un des principes les plus fondamentaux de la procédure judiciaire : le principe du contradictoire[62].

[62] Loïc CADIET, Jacques NORMAND et Soraya AMRANI, « Les fonctions de la preuve. Fonction immédiate et fonction médiate » in Phillipe DELEBECQUE,

Ce principe implique que :

Chaque partie doit avoir connaissance des arguments, observations et preuves présentés par l'autre partie et doit pouvoir y répondre.

Les décisions de la Cour doivent être rendues à la lumière d'un débat équitable et équilibré, où toutes les parties ont eu l'opportunité de présenter leurs moyens de défense.

En consacrant cette exigence, l'article 26 place la procédure de la Cour en conformité avec les standards internationaux du droit au procès équitable, tels qu'ils sont consacrés par l'article 7 de la Charte africaine des droits de l'homme et des peuples et par l'article 14 du Pacte international relatif aux droits civils et politiques (PIDCP). Cela renforce la légitimité juridique des décisions et leur acceptabilité par les parties.

2. Le pouvoir d'enquête de la Cour : un outil d'établissement de la vérité

Le même paragraphe prévoit que la Cour peut procéder, « s'il y a lieu, à une enquête ». Ce pouvoir d'initiative reflète une spécificité importante des juridictions internationales des droits de l'homme : elles ne sont pas strictement limitées aux éléments présentés par les parties, mais peuvent agir de manière proactive pour établir la vérité.

Ce pouvoir d'enquête présente plusieurs fonctions essentielles :

Compléter les éléments fournis par les parties : dans de nombreux cas, les victimes n'ont pas accès à toutes les informations, notamment lorsque celles-ci sont détenues par l'État défendeur.

Surmonter les obstacles liés à la preuve : les violations des droits de l'homme se déroulent souvent dans des contextes de secret, d'absence de transparence ou d'hostilité, ce qui rend difficile la production de preuves par les requérants.

Mustapha MEKKI (dir.), *La preuve*, Dossier spécial, *Revue Henri Capitant*, n°6, 30 Juin, 2013.

Garantir la recherche de la vérité matérielle : contrairement à la vérité purement procédurale, la vérité matérielle repose sur l'établissement objectif des faits, même au-delà des arguments des parties.

Le paragraphe prévoit également que « les États intéressés fournissent toutes les facilités nécessaires à la conduite efficace de l'affaire ». Cette obligation de coopération est capitale : elle impose aux États de faciliter l'accès aux informations, aux témoins, aux lieux, et de ne pas entraver l'enquête. Ce devoir de coopération reflète la nature particulière du contentieux des droits de l'homme, où les États ont souvent une position dominante en matière d'accès à la preuve.

3. La liberté d'appréciation des preuves : un pouvoir discrétionnaire de la Cour

Le paragraphe 2 consacre une règle clé : « La Cour reçoit tous moyens de preuves (écrites ou orales) qu'elle juge appropriés et sur lesquelles elle fonde ses décisions ».

Cette disposition confère à la Cour une large liberté dans l'administration et l'appréciation des preuves, qui se manifeste à plusieurs niveaux :

Liberté d'admission : la Cour n'est pas limitée par des règles strictes de recevabilité de la preuve comme c'est souvent le cas dans les systèmes nationaux. Elle peut admettre tout type de preuve (témoignages, rapports, documents, expertises, enregistrements, etc.) qu'elle estime utile à la manifestation de la vérité.

Pouvoir souverain d'appréciation : la Cour détermine, seule, la valeur probante des éléments présentés. Elle peut accorder plus de poids à certains éléments qu'à d'autres, voire rejeter ceux qu'elle juge non crédibles ou non pertinents.

Souplesse procédurale : cette flexibilité est adaptée à la nature particulière des litiges en matière de droits humains, où les preuves sont souvent difficiles à obtenir ou fragmentaires.

Cette liberté est un instrument essentiel pour garantir l'effectivité de la protection des droits fondamentaux, en permettant à la Cour d'adapter sa méthodologie aux réalités des affaires qui lui sont soumises.

4. Portée institutionnelle et juridique de l'article 26

L'article 26 renforce la position de la Cour africaine en tant qu'organe judiciaire autonome et efficace. Sa portée se manifeste sur plusieurs plans :

Sur le plan procédural : il assure le respect des garanties fondamentales du procès équitable, notamment l'égalité des armes, le contradictoire et le droit d'être entendu.

Sur le plan probatoire : il confère à la Cour un rôle actif dans la recherche de la vérité et dans l'établissement des faits, ce qui est essentiel dans le contexte particulier des violations des droits de l'homme.

Sur le plan institutionnel : il renforce l'autorité des décisions de la Cour, celles-ci étant fondées sur une analyse approfondie et diversifiée des preuves disponibles.

En outre, l'obligation faite aux États de coopérer avec la Cour reflète la dimension coopérative et non purement contentieuse du système africain des droits de l'homme : l'objectif ultime n'est pas seulement de sanctionner, mais aussi d'établir la vérité, d'identifier les violations et de favoriser leur réparation.

Conclusion

L'article 26 constitue un pilier central de la procédure devant la Cour africaine des droits de l'homme et des peuples. En posant les principes du contradictoire, en octroyant à la Cour le pouvoir d'enquête, en lui conférant une liberté d'appréciation probatoire, et en imposant aux États une obligation de coopération, il dote l'institution de tous les outils nécessaires pour remplir efficacement sa mission.

Cette disposition illustre parfaitement la philosophic du contentieux des droits humains : une justice souple, orientée vers la recherche de la vérité matérielle, soucieuse de l'équité procédurale, et tournée vers la protection effective des droits fondamentaux. Elle garantit que les décisions de la Cour ne reposent pas sur une vision formelle et restrictive du droit, mais sur une analyse rigoureuse, exhaustive et objective des faits et des preuves.

ARTICLE 27 : DÉCISIONS DE LA COUR

1. **Lorsqu'elle estime qu'il y a eu violation d'un droit de l'homme ou des peuples, la Cour ordonne toutes les mesures appropriées afin de remédier à la situation, y compris le paiement d'une juste compensation ou l'octroi d'une réparation.**
2. **Dans les cas d'extrême gravité ou d'urgence et lorsqu'il s'avère nécessaire d'éviter des dommages irréparables à des personnes, la Cour ordonne les mesures provisoires qu'elle juge pertinentes.**

Commentaire de l'article 27-Décisions de la Cour

L'article 27 du Protocole définit l'un des aspects essentiels du mandat de la Cour africaine des droits de l'homme et des peuples : le pouvoir de décision[63]. Il précise, non seulement, la portée des arrêts rendus par la Cour en cas de violation des droits fondamentaux, mais également sa faculté d'adopter des mesures provisoires en cas d'urgence. Cette disposition confère ainsi à la Cour une compétence réparatrice et préventive, en phase avec sa mission de protection effective des droits de l'homme sur le continent africain.

1. Le pouvoir d'ordonner des mesures de réparation : une compétence réparatrice étendue

Le paragraphe 1 énonce que « lorsqu'elle estime qu'il y a eu violation d'un droit de l'homme ou des peuples, la Cour ordonne toutes les

[63] Abdoulaye SOMA, Samson Mwin Sog Mé DABIRE (sous dir.), *Commentaire des grands arrêts de la Cour africaine des droits de l'homme et des peuples*, éd., Harmattan, 2022, p. 336.

mesures appropriées afin de remédier à la situation, y compris le paiement d'une juste compensation ou l'octroi d'une réparation ».

Cette disposition consacre l'idée que le rôle de la Cour ne se limite pas à constater une violation : elle doit également restaurer les droits lésés et remédier aux conséquences de cette violation. C'est une compétence réparatrice au sens plein, qui se manifeste à travers plusieurs formes possibles d'actions :

Mesures de cessation : ordonner à l'État de mettre immédiatement fin à la violation (par exemple, libérer une personne détenue arbitrairement).

Mesures de non-répétition ou garanties de non – répétition : imposer des réformes législatives, administratives ou institutionnelles pour éviter la réitération de la violation.

Mesures de réparation : accorder des compensations financières, ordonner la réintégration d'une victime dans ses fonctions, la restitution d'un bien ou toute autre mesure réparatrice.

Mesures symboliques : exiger des excuses officielles, des reconnaissances publiques de responsabilité ou la commémoration des victimes.

Le texte utilise une formule ouverte (« toutes les mesures appropriées »), conférant à la Cour une large marge d'appréciation dans la détermination des remèdes adaptés à chaque situation. Ce pouvoir discrétionnaire reflète l'esprit évolutif du droit international des droits de l'homme, qui privilégie des solutions concrètes, efficaces et individualisées.

2. Le principe de la « juste compensation » : la reconnaissance d'un droit à réparation

L'article mentionne spécifiquement le « paiement d'une juste compensation » comme modalité de réparation. Cette référence explicite consacre un droit à réparation pour les victimes de violations des droits fondamentaux, conformément aux normes internationales, notamment la Déclaration des Nations unies sur le droit à réparation des victimes de violations graves du droit international humanitaire et des droits de l'homme (2005).

La compensation vise plusieurs objectifs :

Réparer le préjudice matériel (perte de revenus, biens détruits, etc.) et moral (souffrances, atteinte à la dignité, etc.).

Restaurer la dignité de la victime et reconnaître officiellement son statut de victime.

Responsabiliser l'État auteur de la violation, en l'obligeant à assumer les conséquences de ses actes.

En intégrant cette possibilité dans son mandat, la Cour africaine se dote d'un outil concret pour rendre sa justice effective et significative.

3. Les mesures provisoires : une compétence préventive cruciale

Le paragraphe 2 confère à la Cour la faculté d'ordonner des « mesures provisoires » « dans les cas d'extrême gravité ou d'urgence et lorsqu'il s'avère nécessaire d'éviter des dommages irréparables à des personnes ».

Cette disposition est particulièrement importante car elle reconnaît à la Cour un pouvoir de prévention, complémentaire de son rôle réparateur. Les mesures provisoires permettent à la Cour d'agir avant même qu'une décision définitive ne soit rendue, dans le but de :

Protéger les droits fondamentaux : empêcher une exécution imminente de peine de mort, une expulsion, une détention arbitraire ou d'autres atteintes graves et irréversibles.

Préserver l'objet du litige : éviter que la situation ne soit rendue irréversible avant que la Cour ne se prononce sur le fond.

Assurer l'effectivité de la justice : une décision finale serait dépourvue d'utilité si les droits avaient déjà été irrémédiablement violés.

La notion de « dommages irréparables » renvoie à des atteintes qui, une fois survenues, ne pourraient être corrigées par une décision ultérieure.

Cette compétence est donc essentielle pour garantir la protection immédiate et effective des droits de l'homme.

4. Portée juridique et effets des décisions de la Cour

L'article 27 confère aux décisions de la Cour une force obligatoire pour les États parties. Lorsqu'une violation est constatée, l'État concerné a l'obligation internationale d'exécuter les mesures ordonnées. Ce principe découle du droit international coutumier (pacta sunt servanda) et de l'article 30 du Protocole, qui impose aux États d'exécuter les arrêts de la Cour.

La portée de ces décisions dépasse la simple réparation individuelle. En ordonnant des mesures structurelles ou des réformes, la Cour contribue également à :

l'évolution du droit interne des États membres ;

la consolidation de l'État de droit ;

la prévention de futures violations des droits fondamentaux.

Il convient toutefois de souligner que l'efficacité de ces décisions dépend largement de la volonté des États de les exécuter. L'absence d'un mécanisme de contrainte robuste constitue encore l'un des défis majeurs du système africain des droits de l'homme.

5. Portée institutionnelle et philosophique de l'article 27

L'article 27 reflète la philosophie générale du système africain des droits de l'homme, qui vise une justice pratique, protectrice et transformative. En combinant deux volets – réparation et prévention – , il donne à la Cour une double fonction :

Rétablir le droit violé et offrir justice aux victimes.

Empêcher les violations imminentes et protéger la vie, la dignité et l'intégrité des personnes.

Cette approche globale dépasse la logique punitive : elle inscrit l'action de la Cour dans une perspective de protection proactive et de réparation intégrale, en cohérence avec l'esprit de la Charte africaine.

Conclusion

L'article 27 constitue l'une des dispositions les plus importantes du Protocole, car il confère à la Cour africaine des droits de l'homme et des peuples son pouvoir juridictionnel substantiel. En lui permettant d'ordonner toutes les mesures nécessaires pour remédier aux violations, y compris des réparations financières ou symboliques, et en lui reconnaissant la faculté d'adopter des mesures provisoires en cas d'urgence, il fait de la Cour non seulement un organe de constatation, mais surtout un acteur de protection effective des droits humains.

Cette disposition traduit la philosophie profonde du système africain : faire de la justice non pas une simple déclaration de principes, mais un instrument concret de protection, de prévention et de transformation sociale au service des individus et des peuples du continent.

ARTICLE 28 : ARRÊT DE LA COUR

1. **La Cour rend son arrêt dans les quatre-vingts (90) jours qui suivent la clôture de l'instruction de l'affaire.**
2. **L'arrêt de la Cour est pris à la majorité ; il est définitif et ne peut faire l'objet d'appel.**
3. **La Cour peut, sans préjudice des dispositions de l'alinéa (2) qui précède, réviser son arrêt, en cas de survenance de preuves dont elle n'avait pas connaissance au moment de sa décision et dans les conditions déterminées dans le Règlement Intérieur.**
4. **La Cour peut interpréter son arrêt.**
5. **L'arrêt de la Cour est prononcé en audience publique, les parties étant dûment prévenues.**
6. **L'arrêt de la Cour est motivé.**
7. **Si l'arrêt de la Cour n'exprime pas, en tout ou en partie, l'opinion unanime des juges, tout juge a le droit d'y joindre une opinion individuelle ou dissidente.**

Commentaire de l'article 28 - Arrêt de la Cour

L'article 28 constitue l'un des pivots procéduraux du Protocole, car il encadre de manière détaillée les règles relatives à la décision juridictionnelle de la Cour africaine des droits de l'homme et des peuples. Il précise les conditions de délai, la force obligatoire des arrêts, les possibilités limitées de révision et d'interprétation, la publicité, la motivation et la liberté des juges d'exprimer des opinions dissidentes ou individuelles. Ces dispositions garantissent à la fois l'efficacité, la légitimité et la transparence des décisions rendues par la Cour.

1. Le délai de 90 jours : un gage de célérité et d'efficacité

Le paragraphe 1 prévoit que « la Cour rend son arrêt dans les quatre-vingt-dix (90) jours qui suivent la clôture de l'instruction de l'affaire ». Cette disposition vise à assurer un traitement rapide et efficace des litiges, condition indispensable à la crédibilité d'une juridiction des droits de l'homme.

Le délai de quatre-vingt-dix (90) jours présente plusieurs intérêts :

Garantir l'effectivité de la justice : une décision tardive peut perdre son utilité, notamment lorsqu'il s'agit de protéger des droits fondamentaux.

Renforcer la confiance des justiciables : un calendrier prévisible renforce la légitimité de la Cour et la perception d'une justice accessible et efficace.

Assurer la sécurité juridique : il permet aux parties d'anticiper la conclusion de la procédure et de s'y préparer.

Ce délai est cohérent avec les pratiques d'autres juridictions internationales (par exemple, la CIADH ou la CEDH), qui imposent elles aussi des délais pour éviter les lenteurs procédurales.

2. La majorité et la force obligatoire de l'arrêt : la décision comme expression collective de la justice

Le paragraphe 2 dispose que « l'arrêt de la Cour est pris à la majorité ; il est définitif et ne peut faire l'objet d'appel ».

Ce principe comporte trois éléments majeurs :

Décision à la majorité : cela reflète le principe de collégialité, garantissant que l'arrêt résulte d'une délibération collective et d'un équilibre entre différents points de vue. La majorité exprime la volonté de la juridiction dans son ensemble, même si certains juges sont en désaccord.

Caractère définitif : l'arrêt ne peut être contesté par une voie d'appel. Cela renforce la sécurité juridique et l'autorité des décisions de la Cour.

Autorité de la chose jugée (*res judicata*) : une fois rendu, l'arrêt lie les parties et s'impose à elles, créant des obligations juridiques pour les États concernés.

Cette absence de recours s'explique par la nature même d'une juridiction internationale suprême : il ne peut exister de niveau supérieur d'appel, car la Cour incarne la plus haute instance judiciaire en matière de droits de l'homme au niveau continental.

3. La révision : une voie exceptionnelle pour corriger l'erreur judiciaire

Le paragraphe 3 introduit une exception à la règle du caractère définitif des arrêts en permettant leur révision en cas de découverte de « preuves dont la Cour n'avait pas connaissance au moment de sa décision ».

Cette procédure est strictement encadrée :

Elle n'est pas un appel déguisé : elle ne permet pas de remettre en cause l'interprétation du droit ou l'appréciation des faits déjà jugés.

Elle repose sur un fait nouveau ou une preuve déterminante qui aurait pu modifier l'issue du litige.

Elle doit être introduite dans les conditions définies par le règlement intérieur (notamment en ce qui concerne le délai de présentation et la gravité de la preuve nouvelle).

Cette possibilité reflète une préoccupation majeure : corriger une éventuelle erreur judiciaire sans compromettre la stabilité des décisions. Elle est également présente dans d'autres juridictions internationales, comme la Cour internationale de Justice (article 61 de son Statut).

4. L'interprétation : un instrument de clarification et d'effectivité

Le paragraphe 4 autorise la Cour à « interpréter son arrêt ». Cette compétence est essentielle pour garantir l'exécution effective des décisions. Elle permet à la Cour :

d'éclaircir le sens et la portée d'un arrêt en cas d'ambiguïté ;

de préciser les obligations imposées à l'État concerné ;

de résoudre d'éventuels différends sur l'interprétation des mesures ordonnées.

Cette fonction d'interprétation renforce l'autorité normative des décisions et facilite leur mise en œuvre, notamment lorsque les États expriment des difficultés d'application.

5. La publicité de l'arrêt : un principe de transparence

Le paragraphe 5 exige que « l'arrêt soit prononcé en audience publique, les parties étant dûment prévenues ». Cette règle consacre le principe de publicité de la justice, qui est une garantie essentielle du procès équitable et de la légitimité judiciaire.

La publicité poursuit plusieurs objectifs :

Assurer la transparence : elle renforce la confiance des justiciables et de l'opinion publique en la Cour.

Renforcer l'autorité morale de la décision : la dimension publique confère un poids symbolique et politique à l'arrêt.

Contribuer à l'éducation juridique : la diffusion des décisions permet aux États, aux juristes et aux citoyens de mieux connaître les standards africains des droits de l'homme.

6. La motivation : un impératif de légitimité et de contrôle

Le paragraphe 6 impose que « l'arrêt de la Cour soit motivé ». La motivation est un principe cardinal de la justice : elle permet de comprendre les raisons qui ont conduit à la décision et garantit sa transparence, sa prévisibilité et sa crédibilité.

La motivation remplit plusieurs fonctions :

Fonction explicative : elle montre comment la Cour a interprété les faits, les preuves et le droit applicable.

Fonction de contrôle : elle permet aux États, aux victimes et au public de vérifier que la décision repose sur une argumentation juridique solide.

Fonction de développement du droit : les motivations constituent la base de la jurisprudence, contribuant à l'évolution du droit africain des droits de l'homme.

7. Les opinions individuelles et dissidentes : une richesse pour la jurisprudence

Le paragraphe 7 reconnaît à chaque juge le droit d'annexer une opinion individuelle ou dissidente à l'arrêt s'il n'en partage pas totalement ou partiellement les motifs ou les conclusions

Cette possibilité présente plusieurs avantages :

Transparence : elle permet d'exposer les différents points de vue juridiques ayant émergé au cours des délibérations.

Développement doctrinal : les opinions séparées enrichissent la jurisprudence et nourrissent le débat doctrinal, même lorsqu'elles ne sont pas majoritaires.

Protection de l'indépendance judiciaire : elles offrent aux juges un moyen d'exprimer librement leur raisonnement, renforçant ainsi leur indépendance intellectuelle.

L'existence d'opinions dissidentes est une pratique largement répandue dans les juridictions internationales (CIJ, CEDH, CPI) et participe à l'évolution dynamique du droit.

Conclusion

L'article 28 constitue l'un des textes fondamentaux du Protocole, car il encadre l'ensemble du processus décisionnel de la Cour. Il assure un équilibre entre efficacité (par le délai de 90 jours et le caractère définitif des arrêts), justice (par la possibilité de révision, d'interprétation et l'obligation de motivation), et transparence (par la publicité et les opinions dissidentes).

En combinant ces éléments, il garantit que les décisions de la Cour soient, non seulement, juridiquement contraignantes, mais également claires, légitimes, accessibles et crédibles. L'article 28 traduit, ainsi une conception moderne de la justice internationale : une justice rapide, transparente, motivée, ouverte au débat et tournée vers l'effectivité des droits humains.

ARTICLE 29 : SIGNIFICATION DE L'ARRÊT

1. L'arrêt de la Cour est signifié aux parties en cause et transmis aux Etats membres de l'OUA ainsi qu'à la Commission.

2. Les arrêts de la Cour sont aussi notifiés au Conseil des Ministres qui veille à leur exécution au nom de la Conférence.

Commentaire de l'article 29 – Signification de l'arrêt

L'article 29 du Protocole aborde une étape cruciale de la procédure juridictionnelle : la signification et la notification des arrêts rendus par la Cour africaine des droits de l'homme et des peuples. Bien que d'apparence purement procédurale, cette disposition est essentielle à l'efficacité et à l'autorité de la justice internationale. Elle organise la transmission officielle des décisions aux parties concernées et à plusieurs organes politiques de l'Union africaine, tout en établissant un lien entre la fonction juridictionnelle de la Cour et le mécanisme politique de suivi et d'exécution de ses décisions.

1. La signification aux parties : un impératif de procédure et de droit

Le paragraphe 1 dispose que « l'arrêt de la Cour est signifié aux parties en cause ». La signification constitue l'acte par lequel la Cour communique sa décision aux parties au litige, par l'intermédiaire du greffe. Cet acte est indispensable pour plusieurs raisons :

Garantir les droits procéduraux des parties : la signification permet aux parties d'avoir connaissance du contenu exact de la décision, de ses motifs et de ses conséquences juridiques.

Faire courir les délais d'exécution : dans la pratique internationale, la signification constitue le point de départ des obligations imposées par l'arrêt.

Assurer la sécurité juridique : seule une signification régulière permet de conférer force obligatoire à la décision et d'éviter toute contestation ultérieure sur la connaissance de celle-ci.

Cette obligation reflète un principe fondamental du droit processuel : nul ne peut être tenu d'exécuter une décision dont il n'a pas été formellement informé.

2. La transmission aux États membres et à la Commission : un instrument de diffusion et de légitimation

Le même paragraphe précise que l'arrêt est également « transmis aux États membres de l'OUA ainsi qu'à la Commission ». Cette disposition poursuit plusieurs objectifs stratégiques :

Assurer la publicité institutionnelle : la diffusion des arrêts aux États membres favorise la connaissance de la jurisprudence et contribue à l'harmonisation des pratiques nationales en matière de droits de l'homme.

Renforcer l'effet dissuasif des décisions : en informant l'ensemble des États, la Cour incite à un meilleur respect des droits fondamentaux par la pression de l'opinion juridique régionale.

Associer la Commission à la mise en œuvre : en recevant la décision, la Commission africaine des droits de l'homme et des peuples – organe de promotion et de surveillance – peut jouer un rôle complémentaire dans le suivi et l'appui à l'exécution.

Cette diffusion témoigne d'une conception coopérative de la justice africaine des droits de l'homme, dans laquelle les organes politiques et quasi-juridictionnels participent ensemble à l'effectivité des décisions.

3. La notification au Conseil des ministres (Conseil exécutif) : un mécanisme politique d'exécution

Le paragraphe 2 prévoit que « les arrêts de la Cour sont aussi notifiés au Conseil des ministres (Conseil exécutif) qui veille à leur exécution au nom de la Conférence ». Ce mécanisme introduit une dimension politique essentielle dans le processus post-juridictionnel : la mise en œuvre des décisions.

Dans le système africain, contrairement à certaines juridictions nationales ou régionales disposant d'organes d'exécution autonomes, la Cour ne dispose pas elle-même de moyens coercitifs pour imposer ses décisions. L'exécution repose donc largement sur la volonté des États et l'implication des organes politiques de l'Union africaine.

Le rôle du Conseil des ministres (Conseil exécutif) est ici déterminant :

Assurer le suivi : il surveille la conformité des comportements étatiques avec les obligations découlant des arrêts.

Exercer une pression politique : il peut, par ses délibérations ou recommandations, inciter les États à exécuter leurs obligations internationales.

Renforcer la crédibilité de la Cour : en intervenant « au nom de la Conférence », le Conseil confère une dimension politique et institutionnelle à l'autorité des arrêts.

Ce mécanisme illustre la complémentarité entre le judiciaire et la diplomatie : la Cour rend des décisions contraignantes, mais leur exécution repose sur l'action collective des États membres.

4. Portée juridique et institutionnelle de l'article 29

L'article 29 joue un rôle stratégique dans le système africain de protection des droits de l'homme. Sa portée se manifeste à plusieurs niveaux :

Procédural : il garantit que les décisions sont signifiées de manière régulière aux parties, condition indispensable de leur opposabilité.

Institutionnel : il assure la diffusion des arrêts auprès des organes politiques et quasi-judiciaires, renforçant ainsi leur légitimité et leur influence normative.

Politique : il crée un pont entre le pouvoir judiciaire et les organes décisionnels de l'Union africaine, favorisant une approche collective de l'exécution.

Préventif : la publication des arrêts agit comme un instrument de prévention des violations en sensibilisant les États membres aux conséquences juridiques de leurs actes.

Ce mécanisme de signification et de transmission répond à l'un des défis majeurs de la justice internationale : l'exécution effective des décisions, qui constitue souvent le maillon faible des systèmes régionaux de protection des droits fondamentaux.

Conclusion

L'article 29, en organisant la signification et la notification des arrêts, constitue une étape décisive dans la chaîne de protection des droits de l'homme en Afrique. Il garantit non seulement que les parties sont informées des décisions qui les concernent, mais aussi que celles-ci sont diffusées, suivies et mises en œuvre dans un cadre institutionnel et politique plus large.

Cette disposition illustre la philosophie du système africain : la justice n'est pleinement réalisée que si les décisions rendues sont connues, comprises et exécutées. En associant les États membres, la Commission et le Conseil des ministres (Conseil exécutif) au processus post-juridictionnel, l'article 29 transforme les arrêts de la Cour en instruments concrets de protection, de pression politique et de transformation juridique à l'échelle continentale.

ARTICLE 30 : EXÉCUTION DES ARRÊTS DE LA COUR

Les Etats parties au présent Protocole s'engagent à se conformer aux décisions rendues par la Cour dans tout litige où ils sont en cause et à en assurer l'exécution dans le délai fixé par la Cour.

Commentaire de l'article 30 - Exécution des arrêts de la Cour

L'article 30 constitue l'une des dispositions les plus importantes du Protocole, car il confère aux arrêts de la Cour leur véritable force obligatoire. En disposant que « les États parties s'engagent à se conformer aux décisions rendues par la Cour dans tout litige où ils sont en cause et à en assurer l'exécution dans le délai fixé par la Cour », il consacre le principe de l'obligation juridique d'exécuter les décisions internationales[64]. Cette disposition est essentielle à l'effectivité du système africain de protection des droits de l'homme : sans exécution, même les décisions les plus justes resteraient dépourvues d'effet concret.

1. Le principe de l'obligation d'exécution : fondement de l'autorité juridictionnelle

L'article 30 traduit un principe fondamental du droit international : *pacta sunt servanda*, selon lequel les États sont tenus de respecter les engagements qu'ils ont volontairement contractés[65]. En ratifiant le

---

[64] Mamadou HEBIE, « L'exécution des décisions de la cour africaine des droits de l'homme et des peuples », in *Revue générale de droit international public*, vol. 121, N°3, 2017, p. 692.

[65] Cour africaine des droits de l'homme et des peuples, *Actions pour la protection des droits de l'homme (APDH) c./ La République de Côte d'Ivoire*, arrêt, 18 novembre 2016, § 153, pp. 34-35.

Protocole, les États parties ont accepté la compétence de la Cour et se sont engagés à exécuter ses arrêts.

Cette obligation comporte deux dimensions :

Obligation de résultat : les États doivent se conformer aux décisions, c'est-à-dire mettre en œuvre les mesures ordonnées par la Cour (réparations, réformes législatives, cessation de violations, etc.).

Obligation de diligence : ils doivent exécuter ces mesures dans le délai fixé par la Cour, sans retard injustifié, afin d'assurer la pleine effectivité des décisions.

Ce principe est commun à l'ensemble des juridictions internationales. Ainsi, l'article 94 de la Charte des Nations unies impose aux États membres de se conformer aux arrêts de la CIJ, et la Convention européenne contient de dispositions similaires (article 46).

2. La portée juridique des décisions : autorité de la chose jugée

En affirmant l'obligation d'exécuter les décisions, l'article 30 confère aux arrêts de la Cour une force juridique contraignante. Ceux-ci ne sont pas de simples recommandations ou avis : ils ont un caractère obligatoire pour les États concernés. Cela signifie que :

Les États doivent mettre fin aux violations constatées.

Ils doivent réparer les préjudices subis par les victimes.

Ils doivent adapter leur législation, leur pratique ou leurs politiques pour se conformer aux exigences de la décision.

Cette force obligatoire est un élément essentiel de l'autorité judiciaire internationale. Sans elle, la Cour ne serait qu'un organe consultatif et ses arrêts resteraient symboliques. L'article 30 garantit que la justice rendue produit des effets réels et durables dans l'ordre juridique interne des États membres[66].

---

[66] Françoise TULKENS, « L'exécution et les effets des arrêts de la cour européenne des droits de l'homme. Le rôle du judiciaire », Cour européenne des droits de l'homme, dialogue des juges, Conseil de l'Europe, Strasbourg, 2006, p. 12.

3. Le rôle du délai fixé par la Cour : assurer l'effectivité de la mise en œuvre

L'article prévoit que l'exécution doit intervenir « dans le délai fixé par la Cour ». Cette disposition confère à la juridiction un pouvoir de contrôle temporel sur l'exécution de ses décisions.

Ce délai poursuit plusieurs objectifs :

Garantir la rapidité : certaines réparations, notamment celles liées à la protection des droits fondamentaux, doivent être mises en œuvre sans délai pour éviter des préjudices continus.

Favoriser la planification : en fixant un délai, la Cour aide les États à organiser les mesures législatives, administratives ou financières nécessaires à l'exécution.

Permettre un suivi efficace : la fixation d'un délai précis facilite l'évaluation du respect par l'État de ses obligations.

Le respect de ces délais constitue un indicateur important de la bonne foi des États et de leur engagement en faveur du système africain de protection des droits de l'homme.

4. Les difficultés d'exécution : le défi central de la justice internationale

Si l'article 30 pose un principe clair, sa mise en œuvre pratique reste l'un des défis majeurs du système africain. Plusieurs obstacles peuvent entraver l'exécution des décisions :

Manque de volonté politique : certains États tardent à exécuter les arrêts, surtout lorsqu'ils impliquent des réformes sensibles (constitutionnelles, législatives ou institutionnelles).

Absence de mécanismes coercitifs : contrairement à certains systèmes nationaux, la Cour ne dispose pas de moyens directs pour contraindre un État à exécuter ses décisions.

Contraintes matérielles ou financières : les réparations peuvent nécessiter des ressources importantes ou des réformes complexes.

Pour pallier ces difficultés, le Protocole prévoit à l'article 29 l'intervention du Conseil des ministres (Conseil exécutif) pour suivre l'exécution. De plus, la pression politique, diplomatique et médiatique joue souvent un rôle déterminant dans l'incitation à l'exécution.

5. La portée institutionnelle et politique de l'article 30

L'article 30 revêt une portée institutionnelle stratégique : il fait de la Cour un véritable organe juridictionnel et non un simple forum consultatif. En imposant une obligation juridique aux États, il contribue à :

Renforcer l'autorité et la crédibilité de la Cour : une juridiction dont les décisions sont exécutées gagne en légitimité et en influence.

Assurer la protection effective des droits : sans exécution, la reconnaissance des droits resterait théorique.

Favoriser l'évolution du droit interne : les arrêts de la Cour incitent les États à adapter leur législation et leur jurisprudence aux standards africains des droits de l'homme.

Consolider la primauté du droit international sur les pratiques nationales contraires aux droits fondamentaux.

En ce sens, l'article 30 reflète l'esprit même du système africain : faire des décisions de la Cour un levier de transformation juridique, politique et sociale dans les États membres.

Conclusion

L'article 30 est la clé de voûte de l'efficacité du système africain de protection des droits de l'homme. En imposant aux États l'obligation de se conformer aux arrêts et d'en assurer l'exécution dans les délais fixés, il transforme la justice de la Cour d'un simple idéal déclaratif en un instrument concret de protection et de changement.

Toutefois, l'effectivité de cette disposition dépend largement de la volonté politique des États et du rôle de suivi des organes de l'Union africaine. Plus qu'un simple engagement juridique, l'article 30 constitue donc un test de la sincérité des États africains dans leur volonté de respecter les droits fondamentaux et de bâtir un ordre juridique continental fondé sur la dignité humaine, la justice et l'État de droit.

ARTICLE 31 : RAPPORT

La Cour soumet à chaque session ordinaire de la Conférence un rapport annuel sur ses activités. Ce rapport fait état en particulier des cas où un Etat n'aura pas exécuté les décisions de la Cour.

Commentaire de l'article 31 - Rapport

L'article 31 du Protocole institue une obligation essentielle de reddition de comptes pour la Cour africaine des droits de l'homme et des peuples. En prévoyant que « la Cour soumet à chaque session ordinaire de la Conférence un rapport annuel sur ses activités », il inscrit l'action de la juridiction dans une dynamique de transparence, de contrôle et d'évaluation. Mais surtout, en précisant que ce rapport doit « faire état des cas où un État n'aura pas exécuté les décisions de la Cour », cette disposition confère au rapport un rôle stratégique dans le suivi de l'exécution des arrêts et dans le renforcement de l'effectivité du système africain de protection des droits humains.

1. Le rapport annuel : un outil de transparence et de légitimité institutionnelle

L'obligation faite à la Cour de présenter un rapport annuel s'inscrit dans la tradition des juridictions internationales et des organes de protection des droits de l'homme. Elle poursuit plusieurs objectifs majeurs :

Informer les États membres : le rapport rend compte de l'activité contentieuse et consultative de la Cour, de l'évolution de sa jurisprudence, de ses priorités institutionnelles et des difficultés rencontrées.

Renforcer la transparence : en exposant publiquement ses actions, la Cour accroît la confiance des États, de la société civile et des justiciables dans son fonctionnement.

Valoriser son rôle : le rapport permet de démontrer l'impact de la Cour sur la protection des droits de l'homme, de mettre en lumière ses réalisations et d'attirer l'attention sur les défis persistants.

Stimuler la coopération : en communiquant régulièrement avec la Conférence des chefs d'État et de Gouvernement, la Cour renforce le dialogue entre l'organe judiciaire et l'organe politique de l'Union africaine.

Cette exigence contribue à la légitimité démocratique de l'institution : dans un système international fondé sur la coopération des États, l'obligation de rendre compte est un moyen d'assurer l'équilibre entre indépendance judiciaire et responsabilité institutionnelle.

2. Le suivi de l'exécution des décisions : une mission politique et juridique

L'aspect le plus important de l'article 31 réside dans la deuxième phrase : « Ce rapport fait état en particulier des cas où un État n'aura pas exécuté les décisions de la Cour. » Cette disposition confère au rapport une fonction stratégique : celle de mécanisme de suivi de l'exécution des arrêts[67].

Dans le système africain, où la Cour ne dispose pas de moyens coercitifs pour imposer ses décisions, le rapport annuel devient un instrument de pression politique et de responsabilisation des États.

Cette fonction remplit plusieurs objectifs :

Nommer et dénoncer : en mentionnant explicitement les États qui ne se conforment pas aux décisions, la Cour utilise le pouvoir de la publicité et de la « honte diplomatique » (naming and shaming) pour encourager l'exécution.

Impliquer les organes politiques : la Conférence, informée des manquements, peut adopter des résolutions, engager un dialogue

[67] Ted Rodrigue BILGHO, « Les compétences de la Cour de justice de la communauté de la CEDEAO en matière de droits de l'homme : un regard de l'intérieur », in session de formation de droit international des droits de l'homme/ institut international des droits de l'homme de Strasbourg, Septembre 2018, p. 12.

politique ou exercer des pressions diplomatiques pour obtenir le respect des obligations.

Faciliter le suivi institutionnel : le rapport constitue une base pour l'action du Conseil des ministres (Conseil exécutif), chargé de veiller à l'exécution des arrêts conformément à l'article 29.

Ainsi, cette obligation transforme le rapport annuel en un outil de mise en œuvre indirecte, compensant l'absence d'un mécanisme coercitif direct.

3. Un mécanisme de responsabilisation des États

L'obligation de signaler les cas de non-exécution confère à l'article 31 une dimension de responsabilisation étatique. Elle permet d'identifier publiquement les États qui ne respectent pas leurs engagements internationaux et d'ouvrir la voie à des pressions politiques ou diplomatiques.

Cette responsabilisation repose sur deux principes fondamentaux du droit international :

Le principe de bonne foi (pacta sunt servanda) : les États qui ont ratifié le Protocole ont accepté volontairement la compétence de la Cour et sont tenus de respecter ses décisions.

Le principe de responsabilité internationale : le non-respect d'un arrêt constitue une violation du droit international engageant la responsabilité de l'État concerné.

Le rapport agit donc comme un moyen de contrôle non juridictionnel complémentaire, qui vise à inciter les États à honorer leurs obligations par la voie politique et diplomatique.

4. Portée institutionnelle et systémique de l'article 31

L'article 31 revêt une importance stratégique pour l'efficacité globale du système africain des droits de l'homme. Il remplit plusieurs fonctions essentielles :

Fonction d'évaluation : il permet d'analyser l'activité de la Cour, d'évaluer son impact et d'identifier les domaines nécessitant des réformes.

Fonction de sensibilisation : en exposant les cas de non-exécution, il attire l'attention des organes politiques et du public sur les obstacles à l'effectivité de la protection des droits de l'homme.

Fonction de légitimation : la transparence et la régularité de la reddition de comptes renforcent l'autorité morale et institutionnelle de la Cour.

Fonction de dialogue : il crée un espace de coopération entre la Cour, les États, la Commission et les autres organes de l'Union africaine autour de l'objectif commun de protection des droits fondamentaux.

Dans une perspective plus large, cette disposition contribue à l'évolution progressive de la culture juridique africaine, en installant un mécanisme de contrôle institutionnel des obligations internationales.

Conclusion

L'article 31 parachève l'architecture institutionnelle du système africain de protection des droits de l'homme en instaurant une obligation de reddition de comptes annuelle. En obligeant la Cour à soumettre un rapport d'activité détaillé à la Conférence et à y signaler les cas de non-exécution des arrêts, il assure un suivi politique et diplomatique indispensable à l'effectivité de la justice internationale.

Cette disposition confère ainsi au rapport annuel une double fonction : celle d'instrument d'information et de transparence, et celle d'outil stratégique pour renforcer la mise en œuvre des décisions. Elle traduit une conviction fondamentale : l'autorité et l'efficacité d'une juridiction internationale ne reposent pas uniquement sur la qualité de ses décisions, mais aussi sur la capacité du système dans son ensemble à en garantir l'exécution.

ARTICLE 32 : BUDGET

Les dépenses de la Cour, les émoluments et les indemnités des juges, y compris les dépenses du Greffe sont fixées et pris en charge par l'OUA, conformément aux critères arrêtés par celle-ci en consultation avec la Cour.

Commentaire de l'article 32 - Budget

L'article 32 du Protocole aborde un aspect souvent considéré comme technique pourtant crucial pour l'indépendance, l'efficacité et la pérennité de toute juridiction internationale : la question de son financement. En disposant que « les dépenses de la Cour, les émoluments et les indemnités des juges, y compris les dépenses du Greffe, sont fixés et pris en charge par l'OUA, conformément aux critères arrêtés par celle-ci en consultation avec la Cour », cette disposition établit les fondements matériels et institutionnels qui permettent à la Cour africaine des droits de l'homme et des peuples de fonctionner. Elle consacre ainsi un principe fondamental : pas de justice sans moyens adéquats.

1. Le financement par l'OUA : une responsabilité institutionnelle collective

Le texte confie expressément à l'Organisation de l'unité africaine (devenue Union africaine – UA) la charge du financement de la Cour. Ce choix est cohérent avec la nature même de cette juridiction : organe régional institué par les États africains pour protéger les droits de l'homme, la Cour doit être soutenue matériellement par l'organisation qui l'a créée. Ce financement collectif poursuit plusieurs objectifs :

Assurer la pérennité institutionnelle : en garantissant un budget stable, l'OUA permet à la Cour d'exercer durablement ses fonctions contentieuses et consultatives.

Favoriser la solidarité entre États : le financement commun traduit l'engagement collectif des États membres à soutenir la protection des droits de l'homme, indépendamment de leur implication directe dans des affaires contentieuses.

Renforcer la légitimité de la Cour : l'adosser au budget de l'organisation continentale lui confère une assise politique et institutionnelle solide.

Cette prise en charge centralisée évite également les risques liés au financement volontaire ou à la dépendance envers des contributions externes, qui pourraient fragiliser la stabilité de la juridiction.

2. La couverture des dépenses : une garantie de fonctionnement

L'article 32 précise que le budget couvre « les dépenses de la Cour, les émoluments et les indemnités des juges, y compris les dépenses du Greffe ». Cette formulation large reflète la diversité des besoins nécessaires au bon fonctionnement de la juridiction :

Les dépenses institutionnelles : coûts liés au siège de la Cour, à l'organisation des audiences, à la gestion administrative et technique.

La rémunération des juges : émoluments et indemnités assurent leur indépendance financière, condition essentielle à leur impartialité et à leur disponibilité.

Le fonctionnement du Greffe : personnel, logistique, gestion des dossiers, organisation des procédures, assistance aux parties.

Ces différents postes budgétaires garantissent que la Cour dispose des moyens matériels, humains et techniques pour exercer efficacement sa mission de protection des droits de l'homme.

3. L'indépendance financière des juges : un impératif d'impartialité

La mention explicite des « émoluments et indemnités des juges » revêt une importance particulière. Elle vise à garantir leur indépendance financière, qui est l'un des piliers de l'indépendance judiciaire.

Cette indépendance se manifeste à travers plusieurs dimensions :

Protection contre les pressions étatiques : des juges rémunérés de manière adéquate et régulière sont moins susceptibles d'être influencés par des pressions politiques ou financières.

Attractivité de la fonction : une rémunération appropriée attire des juristes qualifiés et compétents, renforçant ainsi la crédibilité de la Cour.

Neutralité et impartialité : l'autonomie financière contribue à préserver la neutralité des juges dans leurs décisions.

Cette approche rejoint la pratique d'autres juridictions internationales (Cour européenne, Cour interaméricaine, Cour pénale internationale), où la rémunération des juges est également fixée par l'organisation fondatrice pour garantir leur indépendance.

4. La consultation de la Cour : un équilibre entre autonomie et contrôle politique

L'article précise que les dépenses sont fixées « conformément aux critères arrêtés par l'OUA en consultation avec la Cour ». Cette formule reflète un équilibre subtil entre deux impératifs parfois contradictoires :

Le contrôle politique et budgétaire de l'organisation : en tant qu'organe financier, l'OUA (devenue UA) conserve un droit de regard sur l'utilisation des fonds et la répartition des dépenses, ce qui relève de sa responsabilité institutionnelle.

L'autonomie fonctionnelle de la Cour : la consultation obligatoire garantit que la juridiction puisse exprimer ses besoins réels, défendre ses priorités et adapter ses ressources à ses missions.

Cette coopération institutionnelle vise à éviter deux écueils : l'ingérence politique excessive dans la gestion de la Cour et l'autonomie financière incontrôlée. Elle instaure un modèle de gouvernance partagée fondé sur la transparence, la responsabilité et l'efficacité.

5. Portée institutionnelle et stratégique de l'article 32

L'article 32 dépasse la simple question budgétaire : il constitue un pilier de l'indépendance, de la légitimité et de l'efficacité de la Cour. Ses implications sont multiples :

Au Plan Institutionnel : il assure la continuité et le fonctionnement régulier de la juridiction.

Au plan Juridique : il crée une obligation pour les États membres, via l'OUA, de garantir les moyens nécessaires à l'exercice de la justice.

Au plan Politique : il traduit l'engagement collectif des États africains à financer la protection des droits fondamentaux comme un bien public continental.

Au plan Symbolique : il démontre que la protection des droits de l'homme n'est pas seulement une obligation morale ou juridique, mais aussi un investissement institutionnel partagé.

Ainsi, cet article constitue une condition indispensable à l'effectivité de la justice africaine des droits de l'homme : une juridiction sans ressources suffisantes risquerait de rester une structure symbolique dépourvue d'impact concret.

Conclusion

L'article 32, en organisant le financement de la Cour africaine des droits de l'homme et des peuples, en consacre le fondement matériel et institutionnel. En confiant à l'OUA (devenue UA) la charge des dépenses, il reflète un engagement collectif en faveur de la justice et de la protection des droits fondamentaux. En garantissant la rémunération des juges et les moyens nécessaires au fonctionnement du Greffe, il assure l'indépendance, l'efficacité et la pérennité de l'institution.

Au-delà de sa dimension technique, cette disposition affirme un principe fondamental : la justice n'est pas seulement une norme, elle est aussi une infrastructure. L'article 32 rappelle ainsi que la défense des droits humains exige non seulement des textes et des principes, mais aussi des ressources concrètes pour leur mise en œuvre.

ARTICLE 33 : RÈGLEMENT INTÉRIEUR

La Cour établit son Règlement Intérieur et détermine sa propre procédure. La Cour consulte la Commission chaque fois que de besoin.

Commentaire de l'article 33 - Règlement intérieur

L'article 33 du Protocole portant création d'une Cour africaine des droits de l'homme et des peuples traite d'un aspect fondamental de l'organisation et du fonctionnement de toute juridiction internationale : l'adoption de son Règlement intérieur. En disposant « la Cour établit son Règlement intérieur et détermine sa propre procédure », il consacre le principe de l'autonomie procédurale de la Cour. De plus, l'obligation faite à la juridiction de « consulter la Commission chaque fois que de besoin » consacre l'idée de complémentarité institutionnelle entre ces deux organes, piliers du système africain des droits humains. Bien que succinct, cet article revêt une portée stratégique majeure, puisqu'il conditionne à la fois l'indépendance, l'efficacité et la cohérence du mécanisme africain de protection des droits fondamentaux.

1. L'autonomie procédurale : un pilier de l'indépendance judiciaire

La première phrase de l'article 33, selon laquelle « la Cour établit son Règlement intérieur et détermine sa propre procédure », consacre l'un des principes fondamentaux de l'organisation judiciaire internationale : l'autonomie procédurale. Ce principe garantit que la Cour exerce son activité à l'abri de toute ingérence, notamment étatique ou politique, et qu'elle dispose d'une marge de manœuvre pour adapter ses méthodes à la nature particulière des litiges relatifs aux droits humains.

Cette autonomie se manifeste sur plusieurs plans :

Pouvoir normatif interne : la Cour détient la capacité d'adopter elle-même les règles régissant son fonctionnement, l'organisation de ses audiences, la présentation et l'administration des preuves, les délais procéduraux, ou encore la rédaction et la publication de ses arrêts.

Indépendance institutionnelle : en définissant ses règles de fonctionnement sans intervention extérieure, la Cour se prémunit contre les pressions politiques ou diplomatiques susceptibles d'influencer le déroulement des affaires. Cette indépendance constitue une composante essentielle du droit à un procès équitable.

Souplesse et adaptabilité : l'autonomie procédurale permet d'adapter la procédure à l'évolution de la jurisprudence, aux réalités spécifiques des affaires de droits humains ou aux nouveaux défis, tels que la complexification des violations ou la multiplication des acteurs non étatiques.

Cette pratique est conforme à celle d'autres juridictions internationales, comme la CIJ, la CEDH ou la CPI, qui disposent toutes de leur propre règlement intérieur, adopté indépendamment des États.

2. Le règlement intérieur : un instrument d'efficacité procédurale

Le règlement intérieur n'est pas un simple document administratif : il constitue un véritable instrument normatif qui précise, complète et opérationnalise les dispositions du Protocole. Son rôle est fondamental à plusieurs égards :

Complément du traité fondateur : le Protocole fixe des principes généraux, mais laisse à la Cour le soin de préciser les modalités techniques et procédurales indispensables à leur application effective.

Organisation de la procédure contentieuse : le règlement détermine les conditions de saisine, les critères de recevabilité, la présentation des arguments, l'administration des preuves, la représentation des parties ou encore les modalités d'audition.

Régime de la procédure consultative : il précise comment la Cour rend ses avis consultatifs conformément à l'article 4 du Protocole.

Définition de l'organisation interne : il établit la répartition des rôles entre le président, le vice-président, le greffier, les juges rapporteurs, ainsi que les modalités de fonctionnement des formations de jugement.

En dotant la juridiction d'un cadre procédural clair et précis, le règlement intérieur contribue à la prévisibilité de la jurisprudence, renforce la sécurité juridique des parties et améliore l'efficacité opérationnelle de la Cour.

3. La consultation de la Commission : la mise en œuvre de la complémentarité

La deuxième phrase de l'article 33 – « La Cour consulte la Commission chaque fois que de besoin » – consacre une logique de coopération et de complémentarité entre la Cour et la Commission africaine des droits de l'homme et des peuples. Cette relation est essentielle au bon fonctionnement du système africain de protection des droits fondamentaux, dans lequel les deux organes exercent des compétences distinctes mais complémentaires.

Cette consultation poursuit plusieurs objectifs :

Cohérence institutionnelle : elle permet d'éviter les contradictions entre les pratiques de la Cour et celles de la Commission, notamment dans l'interprétation des dispositions de la Charte africaine.

Renforcement de l'efficacité : la Commission, forte de son expérience quasi-judiciaire et de sa proximité avec les États, peut fournir à la Cour des informations et une expertise utile pour l'élaboration des règles procédurales.

Coordination fonctionnelle : la Commission pouvant saisir la Cour (article 5) ou intervenir dans certaines affaires, il est nécessaire que ses pratiques soient prises en considération dans l'élaboration des procédures.

Il est important de souligner que cette consultation ne crée pas de lien hiérarchique entre les deux organes. Elle reste facultative (« chaque fois que de besoin ») et laisse à la Cour une pleine liberté d'appréciation quant à l'opportunité de solliciter l'avis de la Commission.

4. Portée institutionnelle et juridique de l'article 33

Bien que formulé en termes simples, l'article 33 a une portée stratégique considérable. Il contribue à :

Renforcer l'indépendance judiciaire : en permettant à la Cour de fixer elle-même ses règles, il préserve sa neutralité face aux influences politiques et étatiques.

Accroître l'efficacité procédurale : un règlement interne détaillé garantit une justice plus rapide, plus claire et plus adaptée aux réalités du contentieux des droits humains.

Favoriser la coordination institutionnelle : la consultation avec la Commission permet d'assurer une cohérence globale dans l'interprétation et l'application de la Charte africaine.

Développer une jurisprudence cohérente et prévisible : des règles procédurales bien conçues contribuent à la consolidation d'une jurisprudence stable et accessible, renforçant ainsi la sécurité juridique.

Conclusion

L'article 33 du Protocole, en conférant à la Cour africaine des droits de l'homme et des peuples le pouvoir d'établir son règlement intérieur et de déterminer ses propres procédures, consacre un principe fondamental d'autonomie procédurale indispensable à l'indépendance et à la crédibilité de toute juridiction internationale.

La possibilité de consulter la Commission incarne l'esprit de complémentarité qui fonde le système africain de protection des droits humains, tout en enrichissant l'expérience procédurale de la Cour. Au-delà de son apparente technicité, cette disposition joue un rôle déterminant dans l'efficacité, la légitimité et la cohérence du mécanisme africain de justice, en plaçant la Cour au cœur d'un système à la fois indépendant, adaptable et collaboratif.

ARTICLE 34 : RATIFICATION

1. **Le présent Protocole est ouvert à la signature, à la ratification ou à l'adhésion des Etats parties à la Charte.**

2. **Les instruments de ratification ou d'adhésion au présent Protocole sont déposés auprès du Secrétaire Général de l'OUA.**

3. **Le présent Protocole entre en vigueur trente (30) jours après le dépôt de quinze instruments de ratification ou d'adhésion.**

4. **Pour chacun des Etats parties qui le ratifient ou y adhèrent ultérieurement, le présent Protocole prend effet à la date du dépôt de l'instrument de ratification ou d'adhésion.**

5. **Le Secrétaire Général de l'OUA informe les Etats membres de l'entrée en vigueur du présent Protocole.**

6. **À tout moment à partir de la ratification du présent Protocole, l'Etat doit faire une déclaration acceptant la compétence de la Cour pour recevoir les requêtes énoncées à l'article 5(3) du présent Protocole. La Cour ne reçoit aucune requête en application de l'article 5(3) intéressant un Etat partie qui n'a pas fait une telle déclaration.**

7. **Les déclarations faites en application de l'alinéa (6) ci-dessus sont déposées auprès du Secrétaire Général de l'OUA qui transmet une copie aux Etats parties.**

Commentaire de l'article 34 - Ratification

L'article 34 constitue la disposition finale et l'une des plus stratégiques du Protocole portant création d'une Cour africaine des droits de l'homme et des peuples. Il fixe les modalités de signature, de ratification, d'adhésion et d'entrée en vigueur du traité, ainsi que les conditions dans lesquelles les États peuvent reconnaître la compétence de la Cour pour recevoir des requêtes individuelles. Cet article revêt une importance particulière car il détermine le champ d'application matériel et personnel du Protocole, tout en conditionnant l'effectivité de la juridiction dans le système africain des droits de l'homme.

1. Signature, ratification et adhésion : la consécration du consentement étatique

Le paragraphe 1 dispose « le présent Protocole est ouvert à la signature, à la ratification ou à l'adhésion des États parties à la Charte ». Cette disposition s'inscrit dans le principe fondamental du droit des traités selon lequel le consentement des États est la base de toute obligation internationale (*pacta sunt servanda*).

Signature : elle marque l'intention politique d'un État de se lier par le Protocole, mais elle ne crée pas d'obligations juridiques contraignantes tant que la ratification n'est pas intervenue.

Ratification : elle constitue l'acte formel par lequel un État exprime son consentement à être juridiquement lié.

Adhésion : elle permet à un État qui n'a pas signé le Protocole au moment de son adoption d'y devenir partie ultérieurement, élargissant ainsi son champ d'application.

La condition selon laquelle seuls les États parties à la Charte africaine des droits de l'homme et des peuples peuvent signer ou adhérer renforce la cohérence du système africain : la Cour est conçue comme un mécanisme juridictionnel complémentaire de la Charte, et non comme un instrument autonome.

2. Dépôt des instruments : une formalité essentielle à l'engagement international

Selon le paragraphe 2, « les instruments de ratification ou d'adhésion sont déposés auprès du Secrétaire général de l'OUA ». Ce dépôt revêt une importance juridique considérable : il constitue l'acte par lequel l'engagement international devient plein et effectif. À partir de ce moment, l'État devient partie au Protocole et est lié par ses dispositions.

Le Secrétaire général joue ici un rôle de gardien du traité (dépositaire), chargé d'enregistrer les actes, d'assurer la transparence et d'informer les autres États parties des évolutions liées aux ratifications et adhésions.

3. Conditions d'entrée en vigueur : la logique du seuil critique

Le paragraphe 3 prévoit que « le présent Protocole entre en vigueur trente (30) jours après le dépôt de quinze instruments de ratification ou d'adhésion ». Cette clause d'entrée en vigueur poursuit plusieurs objectifs :

Garantir la représentativité : en exigeant un nombre minimum de ratifications, elle évite la création d'une juridiction régionale dépourvue de légitimité politique ou de portée géographique suffisante.

Assurer la viabilité institutionnelle : un seuil de quinze (15) ratifications permet d'assurer un soutien financier, politique et juridique minimal au fonctionnement de la Cour.

Favoriser l'universalité progressive : la Cour commence à fonctionner dès qu'un noyau critique d'États y adhère, tout en laissant la possibilité à d'autres d'y rejoindre ultérieurement.

Cette approche est conforme à la pratique des juridictions régionales. Par exemple, la Convention européenne est entrée en vigueur après un nombre déterminé de ratifications initiales, garantissant ainsi une base solide à son fonctionnement.

4. Effet des ratifications ultérieures : principe d'application relative

Le paragraphe 4 prévoit que « pour chacun des États parties qui ratifient ou adhèrent ultérieurement, le présent Protocole prend effet à la date du dépôt de l'instrument ». Ce principe, classique en droit des traités, signifie que :

L'État n'est lié par le Protocole qu'à partir de sa ratification.

Il n'est donc pas rétroactivement soumis à la compétence de la Cour pour des faits antérieurs à cette date.

Cette règle garantit la prévisibilité juridique et respecte la souveraineté étatique, tout en facilitant l'adhésion progressive au système africain de protection judiciaire des droits humains.

5. Rôle d'information du Secrétaire général (Président de la Commission) : transparence et sécurité juridique

Le paragraphe 5 prévoit que « le Secrétaire général informe les États membres de l'entrée en vigueur du présent Protocole ». Cette disposition, purement procédurale, joue un rôle essentiel : elle assure la transparence du processus juridique, informe les États de leurs obligations nouvelles et garantit la sécurité juridique des relations internationales au sein de l'Union africaine.

6. Reconnaissance de la compétence de la Cour pour les requêtes individuelles : une clause facultative et décisive

Le paragraphe 6 introduit l'une des dispositions les plus importantes et les plus discutées du Protocole. Il dispose : « à tout moment à partir de la ratification, l'État doit faire une déclaration acceptant la compétence de la Cour pour recevoir les requêtes énoncées à l'article 5(3) ». Cette disposition instaure une condition supplémentaire pour l'accès des individus et ONG à la Cour.

Plusieurs éléments sont à souligner :

Caractère facultatif : la déclaration n'est pas automatique ; elle relève de la volonté souveraine de chaque État.

Effet juridique déterminant : sans cette déclaration, la Cour ne peut recevoir de requêtes émanant directement d'individus ou d'organisations non gouvernementales, même si l'État a ratifié le Protocole.

Dualité d'engagement : les États doivent, non seulement, ratifier le Protocole, mais aussi accepter expressément cette compétence complémentaire pour ouvrir pleinement la Cour aux acteurs non étatiques.

Cette double exigence est souvent critiquée pour avoir limité l'accès des individus à la Cour, car nombre d'États parties n'ont pas encore formulé cette déclaration. Cela réduit considérablement l'efficacité du système africain, puisque la majorité des violations des droits de l'homme sont portées devant les juridictions internationales par les victimes elles-mêmes.

7. Publicité des déclarations : transparence et information

Enfin, le paragraphe 7 prévoit que « les déclarations sont déposées auprès du Secrétaire général (Président de la Commission) qui en transmet une copie aux États parties ». Cette exigence répond à un impératif de transparence et de sécurité juridique : elle informe les autres États, la Cour et les justiciables de l'étendue de la compétence de la juridiction vis-à-vis de chaque État.

Conclusion

L'article 34 joue un rôle fondamental dans la construction juridique et institutionnelle de la Cour africaine des droits de l'homme et des peuples. En fixant les modalités de ratification, d'adhésion et d'entrée en vigueur, il traduit la logique consensuelle qui fonde le droit international et garantit la légitimité politique de la juridiction.

Cette disposition révèle surtout une tension inhérente au système africain : alors qu'elle consacre l'existence d'un mécanisme juridictionnel contraignant, elle subordonne l'accès direct des individus – acteurs centraux de la protection des droits humains – à une déclaration facultative des États. Cette limitation demeure l'un des principaux défis pour l'effectivité du système.

Ainsi, l'article 34 ne se contente pas de définir des règles techniques : il incarne à la fois les fondements juridiques de la Cour et les conditions politiques de sa légitimité et de son efficacité, marquant la frontière entre l'aspiration à une justice continentale universelle et les réalités de la souveraineté étatique.

ARTICLE 35 : AMENDEMENTS

1. Le présent Protocole peut être amendé si un Etat partie adresse à cet effet une demande écrite au Secrétaire Général de l'OUA. La Conférence peut approuver, à la majorité absolue, le projet d'amendement lorsque tous les Etats parties au présent Protocole en auront été dûment avisés et après avis de la Cour.

2. La Cour peut également, si elle juge nécessaire, par l'intermédiaire du Secrétaire Général de l'OUA, proposer des amendements au présent Protocole.

3. L'amendement entre en vigueur pour chaque Etat qui l'aura accepté trente (30) jours après la notification de cette acceptation au Secrétaire Général de l'OUA.

Commentaire de l'article 35 – Amendements

L'article 35 du Protocole consacre un mécanisme de révision et d'adaptation du texte fondateur de la Cour africaine des droits de l'homme et des peuples. En prévoyant les modalités d'introduction, d'examen et d'entrée en vigueur des amendements, cette disposition reflète une réalité fondamentale du droit international : un traité, même s'il constitue un instrument juridique stable, doit pouvoir évoluer pour répondre aux mutations politiques, juridiques et institutionnelles du contexte dans lequel il s'inscrit. En ouvrant la voie à des modifications contrôlées, cet article garantit l'actualité, la légitimité et la pérennité du système africain de protection des droits humains.

1. L'initiative d'amendement : un droit partagé entre États et Cour

Le paragraphe 1 reconnaît aux États parties le droit d'initier une procédure de révision : « Le présent Protocole peut être amendé si un État partie adresse à cet effet une demande écrite au Secrétaire général de l'OUA. » Cette faculté reflète le principe de souveraineté étatique en droit des traités : ce sont les États, en tant que sujets du droit international, qui détiennent le pouvoir de modifier les engagements auxquels ils ont souscrit.

Mais l'article 35 va plus loin en son paragraphe 2, en accordant également à la Cour elle-même la possibilité de proposer des amendements « si elle juge nécessaire ». Cette innovation est importante pour plusieurs raisons :

Elle reconnaît la Cour comme acteur institutionnel autonome et non comme simple organe d'application du traité.

Elle reflète l'idée que la Cour, en raison de son expérience pratique, est souvent la mieux placée pour identifier les lacunes, ambiguïtés ou limites du texte fondateur.

Elle favorise l'évolution interne du système par une dynamique « ascendante », c'est-à-dire initiée par l'organe chargé de l'interprétation et de l'application quotidiennes du Protocole.

Ce double droit d'initiative illustre un équilibre entre la volonté souveraine des États et l'expertise institutionnelle de la Cour, garantissant que toute réforme résulte d'un dialogue constructif entre les acteurs politiques et juridictionnels.

2. La procédure d'adoption : contrôle collectif et garanties institutionnelles

L'article 35 soumet l'adoption d'un amendement à une procédure rigoureuse. Le projet doit d'abord être communiqué à tous les États parties et ne peut être approuvé que par la majorité absolue de la Conférence des chefs d'État et de Gouvernement. De plus, il doit être examiné « après avis de la Cour ».

Cette procédure présente plusieurs garanties essentielles :

Information et transparence : tous les États parties doivent être « dûment avisés » afin que le processus soit inclusif et légitime.

Contrôle politique collectif : la majorité absolue assure que les amendements bénéficient d'un large soutien et ne reflètent pas la volonté d'une minorité d'États.

Contrôle juridictionnel : l'avis de la Cour, bien que consultatif, renforce la dimension juridique du processus et assure la cohérence de l'amendement avec l'esprit et la finalité du Protocole.

Cette procédure est conforme à la pratique en droit des traités, pratique selon laquelle la révision est conçue comme un acte exceptionnel et solennel, nécessitant un haut niveau de consensus pour préserver la stabilité juridique.

3. L'entrée en vigueur des amendements : le principe du consentement étatique

Le paragraphe 3 dispose que « l'amendement entre en vigueur pour chaque État qui l'aura accepté trente (30) jours après la notification de cette acceptation au Secrétaire général de l'OUA ».

Cette clause consacre un principe fondamental du droit des traités : l'effet relatif du consentement. Un État ne peut être lié par un amendement qu'à la condition d'y avoir consenti expressément. Cela signifie :

Qu'un amendement ne s'applique qu'aux États qui l'ont ratifié, même s'il a été adopté par la majorité.

Que la coexistence de régimes juridiques différents peut apparaître : certains États seront liés par la version amendée, d'autres resteront régis par le texte initial.

Ce mécanisme est une manifestation du respect de la souveraineté étatique et du principe de libre consentement, piliers du droit des traités. Il concilie la nécessité d'adapter le Protocole aux nouvelles réalités avec la préservation de l'autonomie décisionnelle des États.

4. Portée institutionnelle et politique de l'article 35

L'article 35 joue un rôle stratégique dans la pérennité et la vitalité du système africain de protection des droits de l'homme. Ses implications sont multiples :

Souplesse juridique : il permet au Protocole d'évoluer en fonction des changements politiques, sociaux et juridiques du continent.

Renforcement de la légitimité : les États, en participant activement au processus d'amendement, continuent de « s'approprier » l'instrument, ce qui renforce leur engagement.

Équilibre institutionnel : en associant la Cour au processus, l'article garantit que les réformes sont juridiquement solides et adaptées à la pratique.

Préservation de la stabilité : l'exigence d'une majorité absolue et le principe d'acceptation individuelle empêchent toute révision précipitée ou imposée.

Dans la pratique, ce mécanisme d'amendement peut servir à élargir les compétences de la Cour, à renforcer ses pouvoirs, ou à adapter ses procédures aux besoins émergents en matière de droits fondamentaux, notamment face à des défis contemporains comme le numérique, les migrations ou les crises humanitaires.

Conclusion

L'article 35 confère au Protocole portant création d'une Cour africaine des droits de l'homme et des peuples une dimension dynamique et évolutive. En permettant sa modification à l'initiative des États ou de la Cour elle-même, il garantit l'adaptabilité du système africain face aux mutations de son environnement juridique et politique. En même temps, les conditions strictes d'adoption et d'entrée en vigueur assurent la stabilité de l'ordre juridique et respectent le principe de souveraineté étatique.

Ainsi, cette disposition incarne un équilibre subtil entre souplesse et sécurité juridique, entre volonté politique et expertise juridictionnelle, entre évolution et continuité. Elle rappelle que, dans le domaine des droits humains comme ailleurs, l'efficacité d'un traité repose sur sa capacité à évoluer sans perdre son essence.

Conclusion générale

L'analyse, article par article, du Protocole portant création d'une Cour africaine des droits de l'homme et des peuples met en lumière l'importance capitale de ce texte dans l'architecture juridique continentale. Il représente bien plus qu'un simple instrument juridique : il constitue le fondement d'une justice africaine des droits humains, pensée pour répondre aux réalités politiques, sociales et culturelles du continent tout en s'inspirant des standards universels du droit international.

La création de la Cour répond à une double exigence : celle de donner une force contraignante aux droits proclamés dans la Charte africaine, et celle d'offrir aux individus, aux peuples et aux organisations un mécanisme de recours effectif contre les violations étatiques. Le Protocole définit avec précision l'organisation, les compétences, les procédures et les pouvoirs de la Cour, tout en établissant des garanties essentielles pour son indépendance, son autorité et son efficacité.

Toutefois, l'effectivité de cette juridiction dépend largement de la volonté politique des États membres. La ratification du Protocole, l'acceptation de la compétence pour les requêtes individuelles, l'exécution des arrêts et la coopération avec la Cour constituent autant de défis qui conditionnent la réussite du système africain. De même, la complémentarité entre la Cour et la Commission, la mobilisation des acteurs de la société civile et la pression diplomatique jouent un rôle déterminant dans la consolidation de cette institution.

En dépit de ces défis, la Cour africaine incarne une avancée historique vers une Afrique plus juste, plus respectueuse des droits fondamentaux et plus attachée à l'État de droit. Elle représente un espoir pour les victimes et un instrument de responsabilisation pour les États, tout en contribuant à l'émergence d'une culture juridique continentale fondée sur la dignité, l'égalité, la justice et la paix.

Ainsi, le Protocole n'est pas seulement un texte normatif : il est l'expression d'une ambition collective, celle de construire un système africain de protection des droits de l'homme à la fois crédible, efficace et fidèle aux valeurs universelles qu'il proclame.

Note de Synthèse du Protocole portant création d'une Cour africaine des droits de l'homme et des peuples

Le Protocole portant création d'une Cour africaine des droits de l'homme et des peuples, adopté en complément de la Charte africaine des droits de l'homme et des peuples de 1981, constitue un jalon majeur dans l'évolution du système africain de protection des droits fondamentaux. Il vise à doter le continent d'un organe juridictionnel régional capable d'assurer l'interprétation, l'application et la mise en œuvre effective des droits proclamés par la Charte. L'analyse, article par article, de ce texte met en lumière ses principales caractéristiques, sa structure institutionnelle, ses procédures, ses objectifs, ainsi que les défis liés à son application.

1. Fondements, objectifs et nature de la Cour

Le Protocole s'ouvre sur un préambule qui réaffirme l'attachement des États africains aux valeurs de liberté, justice, paix, égalité et dignité humaine, tout en reconnaissant les limites de l'action de la Commission africaine créée par la Charte, mais devenue opérationnelle en 1987. La cour africaine est une juridiction complémentaire, dotée d'un pouvoir contraignant pour renforcer la protection des droits de l'homme et des peuples sur le continent.

Les articles 1 à 4 définissent la nature, les fonctions et les compétences de la Cour. Elle est chargée d'interpréter et d'appliquer la Charte, le Protocole et les instruments internationaux ratifiés par les États africains. Elle peut rendre des décisions contraignantes, émettre des avis consultatifs et régler à l'amiable des différends. La Cour agit en complément de la Commission africaine, dont elle renforce les fonctions de protection.

2. Saisine, recevabilité et droit applicable

Les articles 5 à 8 définissent les conditions d'accès à la Cour. Celle-ci peut être saisie par la Commission, les États parties, les organisations intergouvernementales africaines et, sous certaines conditions, par les individus et les ONG. Ce dernier point dépend d'une déclaration facultative des États (article 34(6)), ce qui limite considérablement l'accès direct des victimes.

La recevabilité des requêtes est appréciée à la lumière de l'article 56 de la Charte. La Cour applique non seulement cette Charte, mais aussi tous les instruments internationaux pertinents ratifiés par les États concernés. La complémentarité avec la Commission est ici une constante, notamment dans l'examen des affaires et des conditions de recevabilité.

3. Procédure contentieuse et pouvoirs juridictionnels

Le Protocole consacre plusieurs dispositions visant à assurer une procédure équitable et efficace. La Cour fonctionne sur la base du principe du contradictoire (article 26) et dispose d'un large pouvoir d'enquête et d'appréciation des preuves. Elle peut ordonner toutes les mesures nécessaires pour remédier aux violations, y compris la réparation et la compensation (article 27). Elle peut également adopter des mesures provisoires en cas d'urgence pour prévenir des dommages irréparables.

Les arrêts de la Cour sont définitifs, sous réserve de la possibilité de révision et contraignants (article 28). Ils doivent être motivés, rendus en audience publique et peuvent être accompagnés d'opinions dissidentes. La Cour a également la possibilité d'interpréter ou de réviser ses décisions en cas de découverte de nouveaux éléments.

4. Organisation institutionnelle et indépendance de la Cour

La structure de la Cour est définie par les articles 10 à 25. Elle est composée de onze juges élus à titre personnel pour leur compétence et leur haute moralité, selon des critères de représentation géographique, de diversité des systèmes juridiques et d'équilibre entre les sexes. Leur indépendance est garantie par l'incompatibilité de leur mandat avec l'exercice de certaines fonctions, leurs privilèges et immunités, et l'interdiction d'exercer toute activité compromettant leur impartialité.

La Cour élit en son sein un président et un vice-président, dispose d'un greffe, fixe son règlement intérieur et détermine sa procédure (article 33). Son siège est établi par l'État partie désigné par la Conférence de l'Union africaine, mais peut toutefois siéger sur le territoire d'un Etat membre sur décision de la majorité de ses membres et avec l'accord de cet État.

5. Effets, exécution et suivi des décisions

Les articles 29 à 31 traitent de la notification, de l'exécution et du suivi des arrêts. Les décisions sont signifiées aux parties, transmises aux États membres, à la Commission et au Conseil exécutif, qui veille à leur mise en œuvre. Les États parties sont juridiquement tenus de se conformer aux arrêts et d'en assurer l'exécution dans les délais fixés par la Cour (article 30).

Le rapport annuel présenté par la Cour à la Conférence des chefs d'État (article 31) joue un rôle clé dans le suivi politique : il expose notamment les cas de non-exécution, exerçant ainsi une pression diplomatique sur les États récalcitrants et renforçant la responsabilité collective.

6. Aspects financiers, procéduraux et évolutifs

Le Protocole prévoit que les dépenses de fonctionnement, les rémunérations des juges et les coûts du greffe sont pris en charge par l'Union africaine (article 32), ce qui garantit l'indépendance matérielle de la Cour. L'article 33 consacre l'autonomie procédurale de l'institution, renforçant son indépendance et son efficacité.

Enfin, les articles 34 et 35 traitent respectivement de la ratification et des amendements. L'entrée en vigueur du Protocole nécessite quinze ratifications, et l'accès individuel dépend d'une déclaration facultative des États, ce qui reste l'un des points faibles du système. Le texte prévoit également un mécanisme d'amendement flexible, permettant aux États ou à la Cour elle-même de proposer des révisions pour adapter l'instrument aux évolutions du contexte africain et international.

Conclusion de la synthèse

L'ensemble des dispositions du Protocole portant création d'une Cour africaine des droits de l'homme et des peuples révèle une ambition claire : transformer la protection des droits fondamentaux en Afrique d'un idéal normatif en une réalité juridictionnelle contraignante. En créant une Cour dotée de pouvoirs étendus, en prévoyant des garanties d'indépendance, en imposant aux États l'obligation d'exécuter les arrêts et en établissant des mécanismes de suivi, le texte fondateur marque un tournant historique dans l'architecture juridique africaine.

Cependant, l'efficacité de cette institution dépend largement de la volonté politique des États : ratification, acceptation de la compétence individuelle, coopération dans la production des preuves, et surtout exécution des décisions restent des défis majeurs. En dépit de ces obstacles, la Cour africaine s'impose progressivement comme un pilier de la gouvernance continentale fondée sur la justice, la dignité humaine et l'État de droit. Elle symbolise l'engagement de l'Afrique à faire des droits de l'homme non plus seulement une aspiration, mais une réalité juridique et institutionnelle pour ses peuples.

Tableau analytique du Protocole relatif à la Cour africaine

Thèmes principaux	Contenu du Protocole	Analyse détaillée
Fondements et objectifs	Le préambule réaffirme les valeurs fondamentales de liberté, égalité, justice, paix et dignité. Il insiste sur la nécessité de créer une Cour pour compléter la mission de la Commission africaine.	Ce préambule établit le contexte idéologique et politique de la Cour. Il rappelle que les droits humains ne sont pas de simples aspirations mais des obligations juridiques. La Cour répond à la nécessité d'un mécanisme juridictionnel contraignant pour rendre effectifs les droits garantis par la Charte. Elle marque aussi la volonté des États africains d'inscrire la justice et la dignité dans la construction d'un ordre juridique régional.
Création, compétences et fonctions	Les articles 1 à 4 créent la Cour et définissent sa compétence pour interpréter et appliquer la Charte, le Protocole et	La Cour se positionne comme un organe juridictionnel supranational doté d'un rôle normatif

	les autres instruments ratifiés. Elle peut rendre des décisions contraignantes et des avis consultatifs.	central. Elle complète les missions de la Commission, en assurant une protection judiciaire directe. Sa compétence s'étend à l'interprétation, à la sanction des violations et à la formulation d'avis juridiques. Ce rôle multiple renforce son autorité et en fait un acteur clé du droit international africain.
Saisine et recevabilité	L'article 5 ouvre la saisine à la Commission, aux États parties, aux organisations intergouvernementales et, sous conditions, aux ONG et individus. L'article 6 fixe les conditions de recevabilité.	L'ouverture de la saisine reflète une conception inclusive de la justice. Toutefois, l'accès des individus reste conditionné à une déclaration étatique, ce qui limite l'efficacité du système. La recevabilité, appréciée selon la Charte, garantit que seules les requêtes sérieuses et fondées sont examinées. Cette combinaison équilibre ouverture ct rigueur juridique, tout en favorisant l'accès à la justice régionale.

Procédure, droit applicable et règlement amiable	La Cour applique la Charte et les instruments pertinents ratifiés. Elle peut fixer ses conditions de procédure, examiner les requêtes et favoriser un règlement amiable.	L'autonomie procédurale confère à la Cour la flexibilité nécessaire pour adapter ses méthodes aux réalités africaines. Le règlement amiable introduit une dimension restauratrice de la justice, privilégiant la conciliation et la paix sociale. Cela reflète une approche africaine de la résolution des conflits, fondée sur la réconciliation, tout en respectant les normes internationales.
Organisation et indépendence	Articles 10 à 25 : composition de 11 juges, critères stricts de compétence, indépendance garantie par immunités, incompatibilités et absence de poursuites. President élu, greffe indépendant, siège déterminé par l'UA.	L'indépendance institutionnelle est au cœur de la légitimité de la Cour. Le processus d'élection, la diversité géographique et juridique, et les garanties statutaires assurent son impartialité. L'organisation interne, notamment la structure du greffe et les fonctions présidentielles, favorise une administration

		efficace de la justice. La représentation équilibrée renforce également la confiance des justiciables et la crédibilité des décisions.
Pouvoirs juridictionnels et decisions	Articles 26 à 30 : pouvoirs d'enquête, réception de preuves, mesures provisoires, réparation et compensation. Les arrêts sont définitifs, motivés, sans appel et exécutoires.	La Cour dispose de prérogatives étendues pour protéger efficacement les droits humains. Elle peut prévenir des violations imminentes, réparer des injustices et imposer des obligations aux États. L'autorité de ses décisions repose sur leur caractère définitif et obligatoire. Cela confère une force juridique importante à ses arrêts, tout en renforçant la responsabilité étatique.
Exécution et suivi	Articles 29 à 31 : notification des arrêts, rôle du Conseil des ministres (Conseil exécutif) dans l'exécution, rapport annuel soulignant les cas de non-respect.	L'exécution est un élément déterminant de l'efficacité du système. Le Conseil des ministres (Conseil exécutif) joue un rôle politique crucial en exerçant une pression sur les

		États. Les rapports annuels assurent la transparence et contribuent à une responsabilisation accrue. Cette dynamique institutionnelle transforme la Cour en un acteur influent de la gouvernance des droits humains sur le continent.
Aspects financiers et procéduraux	Article 32 : financement assuré par l'UA. Article 33 : adoption du règlement intérieur et consultation de la Commission.	Le financement par l'UA garantit l'indépendance matérielle et la viabilité de l'institution. L'autonomie procédurale permet une adaptation constante aux défis nouveaux. La consultation de la Commission favorise la cohérence institutionnelle et renforce la complémentarité du système africain des droits de l'homme.
Ratification et compétence individuelle	Article 34 : protocole ouvert à ratification, entrée en vigueur après 15 ratifications. Déclaration nécessaire pour la saisine individuelle.	Le consentement étatique demeure la clé de l'engagement international. La clause facultative relative aux requêtes individuelles limite cependant l'accès à la

		justice pour les victimes. Cette exigence reflète la tension entre souveraineté étatique et universalité des droits fondamentaux, constituant l'un des défis majeurs du système africain.
Amendements	Article 35 : initiative d'amendement par les États ou la Cour, adoption à la majorité après avis de la Cour, entrée en vigueur après acceptation.	La possibilité d'amender le Protocole assure son adaptabilité face aux évolutions politiques, sociales et juridiques. Ce mécanisme, tout en respectant la souveraineté des États, permet au système de demeurer pertinent et dynamique. Il reflète l'équilibre entre stabilité juridique et flexibilité institutionnelle, garantissant la pérennité de la Cour dans un contexte en mutation.

Structures éditoriales du groupe L'Harmattan

L'Harmattan Italie
Via degli Artisti, 15
10124 Torino
harmattan.italia@gmail.com

L'Harmattan Hongrie
Kossuth l. u. 14-16.
1053 Budapest
harmattan@harmattan.hu

L'Harmattan Sénégal
10 VDN SICAP AMITIE 3
BP 45034 Dakar-Fann
direction@senharmattan.com

L'Harmattan Cameroun
Tsinga/Derrière polyclinique FECAFOOT
BP 11486 Yaoundé
Jacques.koukam@harmattan.fr

L'Harmattan Burkina Faso
Villa 281, secteur 23 623, rue 14.32
Ouagadougou
zagbie@outlook.fr

L'Harmattan Guinée
Almamya, rue KA 028 OKB Agency
BP 3470 Conakry
harmattanguinee@yahoo.fr

L'Harmattan RDC
185, avenue Nyangwe
Commune de Lingwala – Kinshasa
matangilamusadila@yahoo.fr

L'Harmattan Congo
219, avenue Nelson Mandela
BP 2874 Brazzaville
deunovmikhael@gmail.com

L'Harmattan Mali
Immeuble Mgr Jean Marie Cissé
Aci Hamadallaye
BP 145 Bamako
syllaka@yahoo.fr

L'Harmattan Togo
Djidjole – Maison Amela
face EPP BATOME
02 BP 20680 Lomé
didieramela11@gmail.com

L'Harmattan Côte d'Ivoire
Résidence Karl – Cité des Arts
Abidjan-Cocody
03 BP 1588 Abidjan
harmattan.ivoire@gmail.com

L'Harmattan Bénin
Rue 604, (Immeuble à l'entrée
de la rue UCAO- Cite de Saint-Jean)
Cotonou
stepcorpus@gmail.com

Nos librairies en France

Librairie internationale
16, rue des Écoles
75005 Paris
librairie.internationale@harmattan.fr
01 40 46 79 11
www.librairieharmattan.com

Librairie des savoirs
21, rue des Écoles
75005 Paris
librairie.sh@harmattan.fr
01 46 34 13 71
www.librairieharmattansh.com

www.ingramcontent.com/pod-product-compliance
Lightning Source LLC
LaVergne TN
LVHW010937061026
849535LV00007B/2440